U0049868

根

以讀者爲其根本

莖

用生活來做支撐

引發思考或功用

獲取效益或趣味

老子，你在說什麼？

王心慈◎編著

老子，你在說什麼？

編 著 者：王心慈
出 版 者：葉子出版股份有限公司
發 行 人：宋宏智
總 編 輯：賴筱彌
企劃編輯：王佩君
內頁插圖：田俊龍、黃正文、張雅惠
美術編輯：引線視覺設計有限公司／王薏茹
封面設計：呂慧美
地　　址：台北市新生南路三段88號7樓之3
電　　話：(02)23635748　　傳　真：(02)23660313
E-mail：leaves@ycrc.com.tw
網　　址：http://www.ycrc.com.tw
郵撥帳號：19735365　　戶　名：葉忠賢
印　　刷：鼎易印刷事業股份有限公司
法律顧問：北辰著作權事務所
初版一刷：2003年 11 月　　定　價：新台幣 280 元
I S B N：986-7609-02-6

總 經 銷：揚智文化事業股份有限公司
地　　址：台北市新生南路三段88號5樓之6
電　　話：(02)23660309
傳　　真：(02)23660310

老子，你在說什麼？／王心慈編著.
初版.--台北市：2003〔民92〕
面：　公分.--
ISBN 986-7609-02-6（平裝）

1.老子—註釋

121.311　　92012117

前言

在漫悠的中國歷史中，有些人留下的影響力既深且遠，他們的思想、智慧、勇氣、智謀、道德，成為我們學習與效法的對象。透過他們所留下來的有限文字及資料，讓我們得以速成的方式了解人生的內涵，進而正視、規劃自己的人生。

現在的世界，多采多姿，詭譎萬變。這是古人沒有辦法想像的。但現代人真的比古人更了解自己的世界、更洞悉生命的意義嗎？這也是現代人沒有辦法回答的。這個世界急遽發展的結果，除了速食文化之外，又讓現代人知道了些什麼呢？又懂得了些什麼呢？這又是令人尷尬、難回答的問題。

從此一叢書中，我們可以看到，有的先人以自己的思想著作影響世人，有的先人自己親身創造歷史，有的先人只想做天空裡的一片雲，卻不小心時時投影在你、我的心中。在歷經千年、百年後，在中國文化已然變質的今日，他們的人生依然讓我們心嚮往之，他們深藏在心底的智慧，依然以瀟灑、曠達、智詰、謀略、自然……的姿態展現在我們的眼前。

以一書一人物的活潑、輕鬆筆調請這些看似高居雲端的先人們走入凡間，走入我們的生活裡，一起探討我們所遺失的智慧在哪裡？我們是否太粗心，以致於讓智慧擦肩而過？我們的生活是否因為充塞了沒有生命的資訊而失去了生機？我們的人生是否應該做某種程度的調整，甚至和古聖先賢作連線？

《老子，你在説什麼？》一書，是以故事的形式表現，在每篇的文末皆附有小小的生活智慧，供讀者省思。先人的智慧有如流水，有的人看見水奔流不息，想到自己應該學習它，不捨晝夜地奔赴理想；有的人看見水滋潤萬物，想到自己應該效法它，源源不斷地養護生命。先人的智慧，因為有您的省思，不再是死的資訊，先人的智慧，因為有您的學習和效法，它活在您人生的每一分秒中。

編輯部

目錄Index

你的快樂被金錢買走了嗎？

清朝山西太原有一個商人，生意做得很興盛，長年財源滾滾，雖然請了好幾名帳房先生，但總帳還是靠他自己算，錢的進項又多又大，他天天從早晨打算盤熬到深更半夜，累得他腰酸背痛頭昏眼花，夜晚上床後又想著明天的生意，一想到成堆的白花花銀子又興奮激動。這樣，白天忙得不能睡覺，夜晚又興奮得睡不著覺。久而久之，這老頭患上了嚴重的失眠症，銀子再多也沒辦法買一夜深沉的睡眠。他隔壁住著一户靠做豆腐維生的小倆口，每天清早起來磨豆、點漿、做豆腐，說說笑笑、快快活活、甜甜蜜蜜。牆這邊的富老頭在床上翻來覆去，搖頭嘆氣，對這對窮夫妻又羨慕又嫉妒，他的太太也說：「老爺，我們有這麼多的銀子有什麼

用，整天又累又擔心，還不如隔壁那對窮夫妻，活得開心。」

老爺早就認識到自己還不如窮鄰居生活得輕鬆灑脱，等太太話一説完就説：「他們因為窮才這樣開心，一旦富起來，他們就開心不起來了，妳看吧！我很快就讓他們笑不起來。」説著，翻下床去，從錢櫃裡抓了幾把金子和銀子，扔到鄰居豆腐房的院子裡。

那倆夫妻正在邊唱歌邊磨豆腐，忽然聽到院子裡「撲通」、「撲通」地響，提燈一照，只見滿地是金光閃閃的金子和白花花的銀子。倆口子都驚呆了，他們怎麼也想不到這些金銀是富老頭扔過來的。天下哪有這樣的事呢？都以為是上天送來的橫財。他們連忙放下豆子，慌手慌腳地把金銀撿起來。他們從來沒有見過這麼多的金銀，心情緊張極了，不知道要把這些財寶藏在哪裡才好，藏在房裡怕不保險，藏在院子裡怕不安全。從此，

再也聽不到他們説笑，更聽不見他們唱歌了。

既然發了這樣的大財，他們哪裡還需要再賣豆腐，也不想再住在這樣又破又矮的房子裡，但是又怕別人疑心這些財富是偷來的，不敢去買新的房子。他們覺也睡不好，飯也吃不香，深怕走漏了消息。鄰居富老頭和他的太太開玩笑說：「妳看！他們再笑不起來，再唱不起來了吧！早該讓他們嚐嚐富有的滋味。」

他們再也用不著起早摸黑做豆腐、賣豆腐，男人從早到晚四處閒逛，有時喝得醉醺醺的回來。以前他覺得妻子是天底下最中看的女人，現在再看時，左也不順眼，右也不順眼，所以偷偷摸摸地上妓院。以前小倆口甜甜蜜蜜，現在兩人天天吵架。一次，丈夫把妻子打得滿臉是血，妻子身上青一塊紫一塊，一氣之下懸樑自盡。妻子死後，他更是墮落下流，嫖娼賭博，無所不來，沒有幾年功夫就一貧如洗。

就這樣，白花花的銀子使一個好端端的家庭破碎了。

生活智慧

窮夫婦窮得心安理得，所以，整日裡說說笑笑，快快活活，甜甜蜜蜜，生活得輕鬆又灑脫。一但有錢了，生活失去了重心，整日裡擔心又害怕，反而毀了貧窮時所擁有的快樂生活。窮好？富好？你說！

你是在享樂還是墮落

過去的人們在物質上只求安飽，一切以自己的本性過活，辦事只求心安，精神只求舒暢，心靈只求寧靜，他們的日子既快樂又適意。

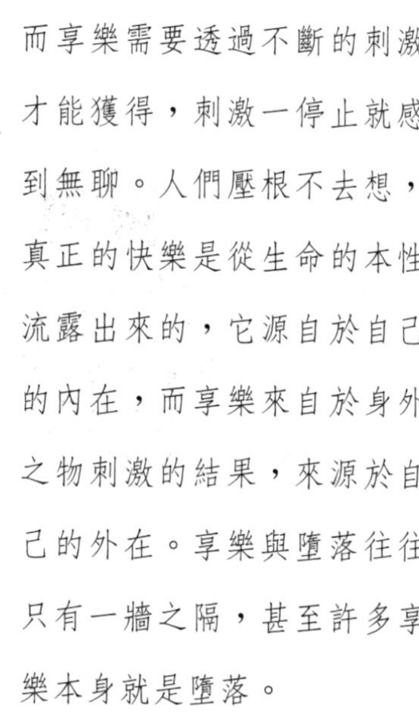

現代的人只有享樂沒有快樂，而享樂需要透過不斷的刺激才能獲得，刺激一停止就感到無聊。人們壓根不去想，真正的快樂是從生命的本性流露出來的，它源自於自己的內在，而享樂來自於身外之物刺激的結果，來源於自己的外在。享樂與墮落往往只有一牆之隔，甚至許多享樂本身就是墮落。

享樂者的心裡總得不到安寧。他們因所受的刺激不同而有不同的心情，時而狂

喜、時而憤怒、時而大笑、時而悲傷、時而放縱、時而怯懦、時而浮躁、時而嘆息……他們深陷在不同的情緒裡不能自拔。

享樂者今朝有酒今朝醉，他們缺乏生活的目的，沒有人生的信念。他們的人生就只有吃喝玩樂。在他們享樂的背後就只有病態與失望，他們的人生永遠在追尋一個又一個不同的、新的刺激，親愛的朋友，這樣的人生你願意過嗎？這樣的享樂你認為就是快樂嗎？

生活智慧

一個人的快樂來自於自己的精神內部，它是從生命的本性流露出來的。而享樂是需要透過不斷的刺激才能獲得的。我們迷失在享樂裡，而不知道什麼是真正的快樂，我們在不知不覺中墮落了，因為許多享樂的本身就是墮落。

別讓自己成爲另一個東施

從形式上來講，美在於各種因素之間所產生的和諧和統一，東西美不美，因人而異，應時而變，腐朽可以化為神奇，神奇也可能化為腐朽。

春秋末年越國的絕代佳人西施，在沒有被獻給吳王夫差之前，早已是村莊裡女孩模仿的對象。有一天，西施大概是著涼感冒，腹部疼痛，在人前捂著心窩皺著眉頭。她的鄰居中有個醜女孩看見了，心想西施的那個模樣兒真是好看極了，回去也學著她那樣子，在人前捂著心窩皺起眉頭。村裡的富人見後，緊閉著大門不出來，窮人見後，帶著妻子走開，誰見了都覺得噁心。

這個醜女只知道西施捂著心窩

皺著眉頭的神態很美，卻不知為什麼美，以致於成了千百年來的笑話。後來人們為了把這個醜女與西施相對，稱她為「東施」，並且用「東施效顰」這個成語來譏諷那些不知人家好在哪裡，自己沒條件卻胡亂學樣的人。古往今來，真不知有多少的「東施」。

所謂的「東施」，就是現在所謂的「明星效應」，明星的風采幾乎每個人都能看得到，明星的髮型、體態、服飾，甚至一舉手一投足都成了某些星迷模仿的對象。看到外國男明星捲髮很漂亮，於是我們這些生來是直頭髮的同胞，就跑到美容院裡把自己的直髮燙彎；從電影院裡看到外國的女影星穿牛仔褲很美，我們幾乎所有的女性都穿起了牛仔褲。當然，有不少男人捲髮後增加了幾分瀟灑，但也有很多人頭髮弄捲了以後，不男不女，叫人見了哭笑不得。有的女性穿上牛仔褲之後，除了女性的嫵媚之外，多了幾分男性的灑脫，有的女性卻顯得不倫不類，叫人不敢恭維。

一種髮型美不美，一種服裝中不中看，不能單獨地來談這個問題。同一種服裝張三穿起來可能中看，李四穿起來也許難看，這就要看這種款式和顏色的服裝與你的氣質、個性、體型、膚色是否和諧。

即便作「東施」，也要懂得這個道理，否則對明星崇拜到失去自己的程度，明星的一舉一動、一言一行，皆亦步亦趨的模仿著，東施效顰的結果就只有徒惹人恥笑了。

生活智慧

大多數的人在一生中，或多或少，都曾經東施效顰過，我們的自信心不夠，我們對於「美」有著太多的誤解。

我們在「模仿」中，失去了自己，也失去了「美」。

你是衣冠楚楚的強盜頭子嗎？

老子說：「信言不美，美言不信，善者不辯，辯者不善」。這句話的意思是說真實可信的話是不美的，而那些漂亮話又不真實可信；有道德的人不善於辭令，能言善辯的人又沒有道德。老子以自然、無為為美，根本表現就在於個人人格的高尚和自由上，因而，在他看來外形的美並不能保證人格的高尚和自由，外形的醜同樣的也不妨礙一個人內在精神的美。

老子說：「農田到處一片荒蕪，全國四方的百姓都在鬧飢荒，但有些人還穿著錦繡的衣服，佩戴著閃閃發光的寶石，吃厭了美味佳餚，搜括了數不清的精美珍寶，這些人就叫做『強盜頭子』，多麼可恥呀！」所以說，不少儀表堂堂衣冠楚楚的傢伙，其實是一

些醜惡不堪的流氓強盜。

唐代詩人杜甫有一首詩——麗人行，詩文如下：

態濃意遠淑且眞，肌理細膩骨肉勻。
秀羅衣裳照暮春，蹙金孔雀銀麒麟。
紫駝之峰出翠釜，水精之盤行素鱗。
陽花雪落覆白萍，青鳥飛去銜紅巾。
炙手可熱勢絕倫，愼莫近前丞相嗔。

這首詩表面上是描寫唐代楊貴妃姊妹三月三日在長安風景名勝曲江春遊的情景。事實上，講的就是「強盜頭子」的事。美女、美服、美食，掩蓋不住他們的腐朽、骯髒與醜惡。他們哪裡懂得精神美，連表面的美也談不上。

生活智慧

所謂「自然」、「無為」的美，是表現在個人人格的高尚和自由上。因而，一個人外形的美並不能保證人格的高尚和自由，同樣的，外形的醜，也不妨礙一個人內在「精神」的美。

凡是想得開、人生沒煩惱

道德高尚的人看輕權和位，「一醉累月輕王侯」，這種精神境界值得推崇，對於那些權迷心竅的人來說更應反躬自問。然而，要人們都不當官也不成，因為國家像一台機器，需要政治上的駕駛員，以保證它向正確的方向行駛，而龐大的國家機器不是一個人可以操縱得了的，有的人必定安排在顯要的位置，有的人只能敲敲邊鼓。官場也像商場一樣，存在著

激烈的競爭，幸運兒平步青雲，倒霉鬼或低能兒終身沉淪。

問題是官場的競爭比商場還要複雜，而且這種競爭往往不是在同一起跑線上進行，在專制的社會裡尤其如此。後台、裙帶、幫派和機緣等等，都是影響一個人升降浮沉的重要因素。在政治黑暗的時代，大批的紈袴子弟、皇親國戚爬上了高位，政治精英反而仕途蹭蹬，這就好比山頂上的矮小刺條，遮蓋了山溝裡的參天松柏。就算登上高位的人，也可能因為政治力量變化的緣故而從高位上跌落下來，這就是為什麼歷史上有那麼多的仁人志士飲恨而亡的原因。

所以，如何對待窮與通，是每一個參政者必須要面對的問題。仕

途一帆風順的時候意氣風發，最多只能令人羨慕；如果陷入困境時，還能豁達豪爽，那才真叫風流。不少能幹的政治家，事業順利時志強氣盛，一經挫折，就變成了落湯雞，不是心灰意冷地病於貶所，便是完全地陷入絕望的深淵，死在流放地。好不叫人唏噓。

在逆境中的表現與一個人的氣質和個性有關，而參政的動機也嚴重的影響一個政治家失敗後的精神狀態。假如參政只為了謀取私利，那他就會把權柄看成了命根，丟官和喪命往往引起連鎖反應；假如他把參政看成是實現抱負的機會，那麼，失敗後他會總結教訓，讓他更加的堅韌剛強，以一種曠達的胸懷對待仕途的窮通。

生活智慧

心胸博大的人不以物喜，不以亡悲。身居顯位不會因害怕失去它而心神不寧，見到利祿更不會不顧性命，喪盡良心。官運亨通，不得意洋洋；仕途坎坷，不消沉失望。以造福社會和人民為己任，以民族的憂樂為憂樂，先天下之憂而憂，後天下之樂而樂，襟懷坦蕩，精神必定永遠昂奮。

一個政治人物如果有「不以物喜，不以亡悲」的態度，順逆皆自在的心境，那麼仕途的窮通與否也就不那麼重要了。

要給對方用力的一擊，須先縮回自己的拳頭

司馬遷的《史記》中把老子與韓非子並在一起立傳，這說明他們二人之間有某種內在的聯繫。這位偉大的歷史學家指出，韓非子學說的源頭來自於老子。唐代王真還認為《老子》五千言，「沒有一章不是為兵家謀略的。」唐宋八大家之一的蘇轍也認為老子與孫子相近。真是奇怪，老子這位主張棄絕一切智慧機巧的哲人，和講求兵不厭詐、權術陰謀的孫子居然成了親家。的

確，我國歷史上一切的陰謀家、軍事家沒有不向老子求教的。老子曾經說過：要想削弱敵人，必須先增強敵人；要想摧毀敵人，必須先使敵人趾高氣揚；要想從敵人那兒奪取陣地，必須暫時給予敵人一些土地。

生活智慧

戰爭中為了進攻敵人，有時還得先讓軍隊後退，就像要用拳頭打擊對方，就得先把自己的拳頭縮回來一樣，老是把拳頭伸出去喊「打、打、打」，打出去的拳頭就必然沒有力。這就是以退為進。

做人，誠實自然就好

人們創造的許多制度、禮儀、行為規範，本來是為了服務人類自身的，後來反而成了這些制度、禮儀、規範的奴隸，變成了自己創造物的犧牲品。為了尊重父母而提倡孝道，目的是鼓勵人們孝敬長輩，這本來是一件好事，後來孝子不僅在社會上受人尊敬，到漢代還可以經由薦舉出來做官，因此許多人都希望被舉為「孝廉」。於是，一時之間不知出了多少假孝子。有的在父母生前忤逆不孝，父母的衣食都成了大問題，父母死後倒講起孝道來。有的在父母死後幾年蓬頭垢面；有的把自己的床搬到父母墳頭，怕父母死後寂寞孤單；有的守孝期間在人前酒肉不

沾，暗中則酒肉不斷，如此等等，真是醜態百出。文化的進步使人變得文明，同時也讓人變得虛偽。

這一切，阮籍看在眼裡，特別厭惡。他主張做人應該誠實自然——也就是人們常說的要「返本歸真」。「真」在老子和莊子哲學中是與「自然」同一概念，兩者的意思完全相同。他的母親逝世之後，在晉文王的筵席上縱酒吃肉，司隸校尉何曾也在座。這姓何的帶兵太文弱，寫文章又太粗魯，講仁孝是他唯一的本錢，因而自然要把孝道看成他的命根子，現在阮籍公然藐視孝道，這不是間接瞧不起他嗎？他當面對晉文公說：「明公正以孝治理天下，阮籍守母喪，敢公然在你面前飲酒食肉，應該把他流放到荒野的地區，以整頓世風。」司馬昭正準備

篡魏自立，想利用阮籍的大名來拉攏文人，他把何曾這個偽君子嗆得一鼻子灰：「阮籍自死了母親以後，面容這樣憔悴，你不同情也罷，還忍心落井下石？你自己有病而吃酒吃肉，不也是於禮不合嗎？」阮籍在一旁飲酒吃肉，神色鎮定自若。其實阮籍才真是個孝子，他母親剛死的時候，他悲傷地昏了好幾次，只是不願意像何曾這般人那樣，假裝不吃肉不飲酒，利用死去的父母向上爬。

古代的禮節叔嫂之間不能太接近，《曲禮》說：「嫂叔不通問」。「問」就是相互問候、致意的意思。這種禮節實在沒有什麼道理，阮籍才不管這一套哩。他真實地表露自己的情感，很尊敬他的嫂子，同時對她也很親熱。每次嫂子回娘家，阮籍總要幫她提包袱又送很遠。那些禮儀之士譏笑他說：「你嫂子回娘家，你表現得這麼親熱做什麼？」阮籍回答說：「讓那些虛假的禮節遠離我吧！這些東西不是為我設的。」

生活智慧

人是制度、禮儀、規範的奴隸，人創造了它們，又被他們奴隸，這就是文明。可歎呀！人不再是真正的人。如何「返本歸真」呢？做人時，誠實自然就好。讓我們不要再隨著文明的進步而變得虛偽了。

愛賣弄小聰明的人其實最笨

唐代有一個姓朱的太尉，曾兩度出鎮浙右，第一次離開浙江時，他去寺廟中與一位老和尚話別，臨別時送了老和尚一枝竹杖作為紀念。

這枝竹杖雖然是竹子做成的，卻成方形。柱時根部朝上，節眼鬚牙四面對出，自然可愛。朱太尉很珍惜它是想像得到的，將它送給和尚做紀念實在是給足了他的面子。

和尚也十分領情。幾年後朱太尉又出鎮浙右，到任不久去拜訪老

和尚，問上次送的竹杖還在不在？老和尚說：「至今我還珍藏著它。」和尚興沖沖地拿出來一看，方形已削成了圓形，除此之外，又在上面塗了一層漆。朱太尉見後喪氣嘆息了好幾天，從此就與這位和尚絕交了。

　　這枝竹杖是大宛國送給太尉的珍貴文物，其他的幾枝竹杖都是圓的，唯有這一枝是方形。那位和尚為了使竹杖更美，用人工改變了竹杖的天然形態，結果卻把寶貴的文物變成了不值一文的俗物。和尚把奇特的方竹杖削成了普通的圓竹杖，這樣的弄巧成拙尚不失為沉悶的人生增加一點笑料，但是，有些弄巧成拙卻會造成可怕的悲劇。

第二次世界大戰期間，英國軍隊中有一名下級軍官，用許多巧計蒙蔽了上級和同僚，因而竊取了將才的虛名。

一次在與德軍的重大戰役中，他被任命為先鋒部隊的指揮。大敵當前他完全傻了眼，平時搞陰謀詭計的技倆全不管用。部隊全軍覆沒，他自己也掉了腦袋。

有許多人的一生就是吃虧在聰明上，不管是為人還是求學都想用點小巧，與人交往不真誠，學習又求捷徑，最後在人際關係上失去了別人的信任，而在學問和事業上也一事無成。

生活智慧

老子認為人類痛苦和紛爭的病根，就在於乖巧過了頭、剛強過了分。如果大家立身處世都樸實、厚拙、柔弱、不爭，那麼，人們必定生活得幸福多了。如果說逞能爭勝在老子時代所在皆是，那麼，在現代人的身上就更無所不在了。如果說老子的這些思想在當時是對症下藥，那麼，它在現代，就是被人們視若無睹的「祖傳秘方」。

不放出誘餌，就釣不到大魚

「要想得到，必須先拿出。」老子這句話凝聚了中國豐富的生活智慧和政治智慧。從君臨一切的國王到指揮千軍萬馬的將軍；從坐著豪華轎車的權貴到騎自行車上班的小民；從腰纏萬貫的大亨到不值一文的窮光蛋，無不熟悉並運用過這種智謀。它在長期的運用和實踐中，還獲得更生動、更形象、更通俗的說明——不放出野山雞，就引不來金鳳凰。

不放誘餌，就釣不到大魚。

為了達到自己的某種目的，先慷慨地四處送情，為了做成一筆交易，先不惜大方地請客送禮。這些包藏著功利目的的脈脈溫情，這些吃小虧佔大便宜的處世之道，在日常生活中司空見慣。現在我們來看看「欲取先予」這一智慧在政治軍事上更為複雜的運用。

春秋時，晉獻公準備偷襲虞國，先殷勤地送虞王寶璧和駿馬，請求借虞國的道路去討伐虢國。虞王拿了人家的東西手軟，一口答應讓晉兵路過自己的國土。宮之奇聽說後跑去進諫虞王說：「虢國是我們虞國的門户和屏障，虢國要是滅亡了，虞國還能存下去嗎？借道給晉兵就刺激了它的貪心，萬萬不可對侵略者掉以輕心。兩年前那次借道給晉軍就很過分，現在怎還能再借道給他呢？俗話所說的『唇亡齒

寒』，就是指虢國和虞國的這種關係呀！」

虞王哪裡聽得進宮之奇的勸告呢？他捨不得失去晉國送來的寶璧和駿馬，漫不經心地對宮之奇說：「晉國與虞國同宗同姓，難道還會害我嗎？」宮之奇說：「要說到同宗同姓，晉國與虢國的血緣還近些，如果拿晉國與虢國來比，他們要比我國和晉國更親，現在晉國連虢國都準備消滅掉，怎麼還會愛到我們虞國頭上來呢？」虞王聽不進這些勸告，他邊聽宮之奇的話邊玩摸晉王送來的寶璧，仍然不改變先前答應晉使借道的要求。宮之奇見虞王這樣昏庸貪財，帶著全族的人離開了虞國。

果然不出宮之奇所料，晉人消滅了虢國以後，回師時順便吃掉了虞國，虞王當了俘虜。

在晉國時期，「欲取先予」好像特別在行。每每在軍事和政治上運用都能達到預期的目的。下面的歷史故事說的又是春秋時的晉國：

晉大夫智伯想討伐仇由這個小國家，惱火的是道路艱險難行，於是他就鑄了一口大鐘贈給仇由國王。這個小國的國王難得收到別國的禮品，想不到收到了這口大鐘，而且是強大的晉國送來的，高興得昏了頭，連忙命令人修通道路去迎接晉使。仇由的大臣赤章曼枝說：「此事萬萬使不得。從來只見小國鑄大鐘貢給大國，而今天大國向我們獻大鐘，它的軍隊一定會跟著大鐘而來。我看大鐘不能接受。」仇由國王一心想著過一下別國向他進貢的癮，赤章曼枝的話使他大為掃興，他狠狠地瞪了這位不會察言觀色的呆子，把他的話當成了耳邊風。他急急忙忙修路迎接晉使。

很快地他收到了晉國的大鐘，同時也迎來了晉國的大兵，收鐘之日也是他的滅亡之時。

生活智慧

「不放出野山雞，就引不來金鳳凰。不放誘餌，就釣不到大魚」。

為了達到自己的某種目的，先慷慨地四處送情，這些吃小虧佔大便宜的處世之道，在日常生活中司空見慣。這就是「欲取先予」的標準模式，在政治軍事運用上更複雜。

名聲和性命，你選哪一個？

現在很少兒童的生活是健康快樂的。一出生——甚至在媽媽的懷裡就與功名纏在一起。一個三、四歲的孩子除了上幼稚園外，還得上幾種課外的學習班，逼著他們去學繪畫、音樂、舞蹈、外語……學的課程比大學生還多還雜。有的家長見別人的兒子成了揚名海內外的鋼琴家，就拼命的湊錢買鋼琴，硬要孩子去學鋼琴；有的家長看到人家的孩子在奧運會上得金牌很榮耀，就不管孩子的體質是否合適，強迫他們去跳水、去打球。目的只有一個：出名、出人頭地。每一個有小孩的父母，個個手段用盡，花樣翻新，對孩子真是又嚇又哄。

孩子們根本沒有時間和精力廣泛

地接觸生活，從小就沒有感受到生活和學習的樂趣，也因而造成許多孩子對生活冷淡，對學習缺乏熱情。總是被父母逼著去做強加給他們的事情，久而久之失去了人格的主動性，也沒有了小孩特有的好奇心和童心，他們在很小的時候就講大人的語言，思考大人的問題。這樣的孩子長大了怎麼可能有事業的創造力？怎麼可能對事業有熱情和衝動？怎麼可能有豐富的想像力？他們的潛能還沒有發展時，就已被自己的父母壓抑和摧殘了。我們甚至可以看到有的父母為了想使自己的孩子成為名家，竟然逼呆、逼死了自己的親生骨肉！

有一對高學歷的夫婦，生了一個聰明伶俐的小女孩。為了想把千金栽培成外語人才，兩三歲開始教她外語，到了五歲就買了許多外語

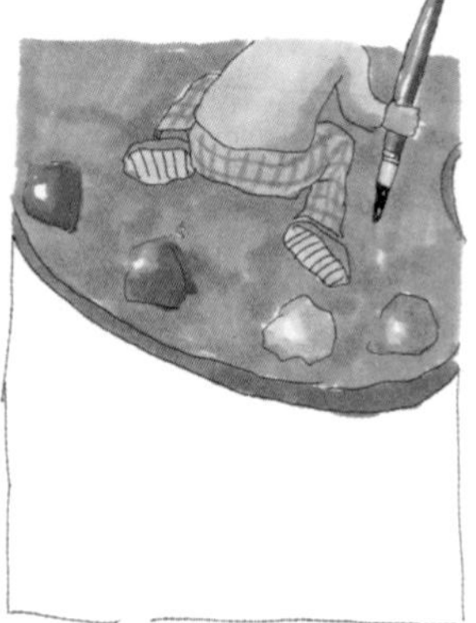

錄音帶給她，夫妻倆輪番對她進行強化訓練，規定她每天要記多少單字、背多少片語和短句。女兒幼小的心靈承受不了這麼重的負擔，到六歲時就患了後天痴呆症，記憶力幾乎完全喪失。

有一對年輕的工人夫婦，兒子已經上小學了，聰明活潑，在班上的成績名列前茅。這對夫婦覺得自己這輩子當黑手是當定了，把揚名立萬的希望全寄託在兒子身上。無奈年幼的兒子還難以體會父母的苦心，一天下午，他逃學去玩電動玩具，父親知道後，一怒之下，將兒子捆個紮實，望子成龍不成的結果，竟不小心一捆就將兒子活活給捆死了！就這樣，美好的、年輕的生命，為了虛名，活活葬送。

人的眼光是多麼的狹隘呀！我們真應該聽一聽老子的教誨：「名聲和生命比起來，哪一樣對人更重要？過分好名必定要付出慘重的代價。」

生活智慧

天真浪漫的兒童應該讓他們的天性充分地發展，讓他們的童年無憂無慮，讓他們的生活豐富多彩，這樣才能培養他們健全的人格，使他們覺得充實美好，在今後漫長的人生中才能百折不撓，也才能在任何困境中都熱愛生活，樂觀自信。

搞清楚賽馬的主角，是馬不是人

春秋時代，晉國的趙襄子拜王良為師，學習駕駛馬車。王良是當時名揚宇內的御手，為了伺候這位貴族大人，王良在教授趙襄子的時候哪敢不竭盡心力。他們先一起到野外駕馬車，王良在很短的時間內就教會趙襄子駕駛馬車的技術。趙襄子為了逞能，一個人駕著馬車跑出去了幾天，好像已經掌握了駕車的本領，儼然就是一個熟練的御手。

不久，趙襄子與王良舉行一次駕駛馬車的比賽。比賽一開始，趙襄子就落後了

一大截，他不服氣，以為是王良的馬好些，要求與王良換馬以後再比，王良笑了笑，把自己的馬解下來套在他的馬車上，比賽又重新進行。這次趙襄子反而落後得更遠。他覺得王良換過來的馬還不如自己先前的那匹，於是他又提出要求，再把馬換回來。

王良又笑了一笑，一聲不吭地把剛才換過來的馬又換回去。第二次換完馬後比賽繼續進行。這次趙襄子簡直沒有辦法與王良相比，王良駕著馬像風一樣奔去，而趙襄子的馬時快時慢，時走時停，把他急出了一身冷汗。這匹馬好像存心和他鬧彆扭，把他氣得不得了，狠狠地用鞭子把馬抽了一頓，又要求與王良換馬，從開始到現在，他從來不覺得是自己的技術有問題。

王良還是笑了一笑，答應他的要求。第四次換馬再賽，趙襄子更是慌了手腳，馬越來越不聽話，比賽實在無法再進行下去。

趙襄子是晉國的六卿之一，在這次比賽中丟盡了面子，自然是十分惱火。這很顯然的，問題不是出在馬的身上，而是自己的駕駛技

術不到家，說不定王良還留有幾手絕招沒有傳授給他，想到這兒，他把怒氣一股惱兒發在王良身上：「你在教我駕駛馬車的時候，還有些技巧沒有傳授給我吧？」

王良連忙解釋說：「我豈敢這樣呢？技術是全部授給您了，在您面前我不敢也不想保留什麼，只是你在運用這些技術的時候有些偏差罷了。駕駛馬車中最重要的，莫過於使馬的身子穩住車，人的注意力與馬的動作相協調，這樣馬才能跑得快、跑得遠。駕車的人萬不可老是干擾馬的動作，一會兒要牠這樣，一會兒要牠那樣，馬沒有辦法一個勁兒往前衝。您的問題正是出在這裡。比賽時您落在後面就想趕上我，跑在前面又擔心被我趕上，而駕著馬車賽跑，不是在前面就是落在後面，無論是前是後，您的注意力都集中在我的身上，怎麼可能去配合馬的動作呢？駕馬車比賽，跑的是馬而不是人，要讓馬當主角，人只能夠去引導牠，而不是去干擾牠，你卻恰恰相反，這怎麼不落後呢？」

生活智慧

一個人應該利用適當的時機辦事，依照客觀的條件立功，掌握萬物的特性，並從中來獲利，這就是老子所謂的「不為而成」，意思是說自己不盲目地去做，自然而然的取得成功。

自然就是美

老子說：「人法地，地法天，天法道，道法自然」。這句話的意思是說人、地、道都是以自然為準則。而道在老子對美的認識來看是一體的。道就是美的本質。

莊子也說：「天地有大美卻不言說，四時有明顯的規律卻不議論，萬物有生成的道理卻不表白」。愛美之心，人人皆同，但為什麼對美的認識和對美的感受卻千差萬別呢？為什麼有的人求美反而變得更醜？為什麼有的人求雅反而變得更俗？那是不懂得美的真意，美的本質，不懂得道。

美不僅是外表的樣子，更重要的是還要有內心的修持，以順應自然的涵養和智慧。要懂得萬物的道理，要取法於天，要純任自然，而不人為造做，這就是美。

天地是美的極至，因為它美的一派天然，沒有一絲一毫人工的雕

痕，它創照了各式各樣美麗的形象，卻顯露不出一點技巧，它調和萬物不以為義，有恩於萬世卻不以為仁。

天地間萬事萬物都保持著自己本來的形態，曲的不用勾來畫；直的不用繩墨描；圓的不用圓規；方的不用角尺。它們不加干預，自然生成。

人如果也像道那樣純任自然，不以一己之私而胡作非為，不以個人利害而苦苦奔波，就像天地一樣，聽任萬事萬物自由發展，那麼，人也會像天地一樣，達到美的極至。

生活智慧

老子的「道」就是美的本質。它是純任自然的，所以，沒有一點兒人工斧鑿的痕跡，我們不須刻意追求它，它就在你的周圍，它就是你本身。它的美，不僅是外表的樣子，也是你內心自然的展現。

心浮氣躁成不了大事

荀子在〈勸學〉篇中有這樣的一段名言：「螾無爪之利，筋骨之強，上食埃土，下飲黃泉，用心一也。蟹六蜿而二螯，非蛇鱔之穴無可寄託者，用心躁也。」

引文中的「螾」就是我們現在所說的蚯蚓，「蟹」就是我們餐桌上所常吃的螃蟹，「蜿」指的是螃蟹的腳，「螯」是螃蟹變形了的第一對腳，形狀有點像鉗子，用來取食或保護自己。

蚯蚓沒有銳利的爪牙，也沒有強勁的筋骨，是一種軟體動物，牠面朝黃土背朝天，但堅硬的土地遇上牠便變的鬆軟，而種地的人也都知道，蚯蚓多的田地裡，土壤必定鬆軟，這麼軟趴趴的東西靠什麼過活呢？說來也許你不信，他吃的是我們牙齒不敢碰的砂土，飲的是地底下的泉水。如果有人問我說：「牠憑什麼如此厲害呢？」我想也許是牠比較幸運，沒有像我們人類一樣，有兩條會走路

的腿，也沒有那張會説話的嘴，所以不至於像我們那樣，上上下下的跳，更不會四處的大吹大擂，牠成功的主要原因是專一，而專一又來自於那恬靜的性格。

〈勸學〉中說螃蟹有六隻腳，其實再加上前面兩個堅硬鋒利的螯，螃蟹有八隻腳。不過，有這麼多的腳，這麼硬的螯有什麼用呢？他連自己棲身的洞穴也不會挖，一輩子都寄人籬下，擠在鱔魚或蛇的穴中過日子。説真的，螃蟹一輩子過的如此窩囊，就是那八條腿害了牠。腿一方便就喜歡四處亂逛，四處遊逛就心浮躁動。

蚯蚓的成功與螃蟹的無能，就在於前者因靜而受益，後者因躁而吃虧。

生活智慧

蚯蚓是一種軟體動物，但牠能將堅硬的土地變的鬆軟。蚯蚓成功的原因就來自於牠的專一，而專一來自於牠恬靜的性格。

而螃蟹有六隻腳，兩個鋒利的螯，但一輩子都需要寄人籬下，沒有自己可以棲身的洞穴。為什麼螃蟹會如此無能呢？那是因為牠愛四處遊逛，浮躁又好動的緣故。

這就好像我們今天的學校裡，有一些患了過動症的小學生，屁股一沾上椅子，就想去打球；打一下球，又想去跳高。浮躁好動，難得靜下心來。靜不下心來，又怎麼能專心致志呢？靜動之理，盡在故事之中。

聰明人不會等到大禍臨頭才提防

千里之堤在決口之後，要去堵漏洞就很難了，但如果在潰堤之前堵塞蟻穴卻是很容易的事，這就好像萬丈高樓起火了，如果在剛有火星的時候就將它滅掉，根本不費吹灰之力，可是如果等到火勢已經燒到樓頂，再叫消防隊來滅火，那就太晚了。

所以我們可以想見，任何事情在開始處理的時候，事半功倍，也容易避免不幸的事情發生，如果災禍已經臨頭了，再來躲避，就來不及了。

扁鵲是春秋時的名醫，也是諸侯要人的座上賓，一天他去見蔡桓公，兩人站著談了一會兒話，在談話的時候，扁鵲發現蔡桓公的身體有點不對勁，他馬上說：「君侯有病，目前還在表裡，如果不即時醫治的話，恐怕會向深處惡化。」

桓公大笑著說：「我哪有什麼病呀！」一副自以為有著金剛不壞之身的模樣，扁鵲走後，蔡桓公俏皮的說：「醫生就是喜歡給沒病的人治病，這樣做無非是要炫耀自己醫術的高明。」過了十天，扁鵲又見到蔡桓公，他說：「君侯的病，已經發展到皮膚下的肌肉，如不馬上治療的話，病情就會加深。」病！病！病！一見面就是說病，好不討厭！桓公見了他便老大不高興。

又過了十天，扁鵲又去找蔡桓公：「君侯的病已深入腸胃，如不馬上醫治，病情就會發展到無法收拾的地步。」蔡桓公怪扁鵲太多事，臉一沉再也不搭理他。

再過十天，扁鵲一見蔡桓公，轉身就跑了。蔡桓公覺得十分納悶，特地派人去問他為什麼，扁鵲說：「病在皮膚，用熱水燙燙，再敷敷藥就行了；病在肌肉，用金針和石針，也不難根治；病在腸胃，喝幾帖清火退熱的湯藥，也可慢慢把病治好；病情已經惡化到了骨頭，這只有老天才能妙手回春，人力對他也就無可奈何。蔡桓公的病，已經深入了骨頭，他再找我也無能為力了。」

不出五天，蔡桓公全身發熱，高燒不退，疼痛難擋，他再也俏皮不起來，這時候，他差人到處尋找扁鵲，而扁鵲已逃到了秦國。又捱過了五天，蔡桓公就一命嗚呼了。良醫不會等到病入骨頭才來治病，聰明人不會等到大禍臨頭才提防。

生活智慧

任何事物在還沒有明顯的露出破壞性的傾向時，容易防患於未然；任何不好的事情，在萌芽的階段，容易把它消除；任何的危害在還不算太嚴重時，容易找到補救的措施；任何的災害在還沒有到來之前，就要防備；任何事物在還沒有混亂之前，就應該把它理順，這就是老子所說的「慎於始」。

爲自己而活

大家都認為，聽交響樂是一種時髦，一種享受。好，讓我們就去音樂廳裡走走吧！最好讓我們坐在音樂廳裡的最後一排，這時我們可以仔細地觀察每一個觀眾的背影，你一定會覺得這比聽交響樂還有趣哩，你會對芸芸眾生的深層心理有意外的發現。

一個人的面部或許善於偽裝，背影倒容易洩露真情。你會發現音樂廳裡大部分的人都東倒西歪，煩躁不安，希望音樂快點結束，有的人甚至已經呼呼大睡，能夠沉浸在音樂意境中的人只有極少數。

待在音樂廳裡的絕大多數人，不能也不會欣賞交響樂，更別說是對音樂有什麼興趣，他們之中大多數是五音不全的音痴，只是由於社會普遍認為欣賞交響樂是一種有修養的標誌，上音樂廳自然就不會

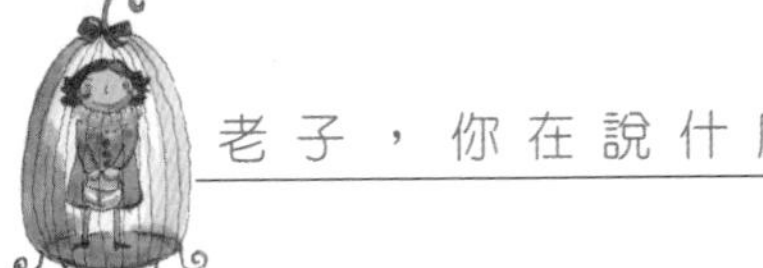

被認為是一個粗人，因為這樣他們才邀情人或朋友進音樂廳。交響樂在他們聽來不僅不悅耳，反而刺耳，要是沒有情人或朋友在身邊，他們一定逃之夭夭。為了不失體面，他們不得不耐著性子等最後一個音符奏完，並隨著人潮一起鼓掌叫好，還好有這麼多人願意去花錢，來給人一種「會欣賞交響樂」的印象，高雅的交響樂團才不至於散伙。

唐代有位詩人，開始時老是想著一鳴驚人，使別人稱讚自己頗有詩才，即使毫無詩興，也逼著自己苦吟，用破一生的心思來推敲字句，弄得人生了無興味，連對詩歌創作的熱情也熄滅了，到老的時候才開始大徹大悟地說：「人生有何味，一生虛自囚！」後來放手寫詩，全不管輿論的褒貶，這樣才總算嚐到了人生的滋味，也真正享受到創作的樂趣，也寫出了不朽的傳世之作。作詩如此，做其他的事又何嘗不是如此呢！

生活智慧

君不見有多少人至死不悟，一生把自己囚禁在虛名的牢籠裡而不自知。為了別人羨慕的眼光而結婚，為了別人的稱讚而旅遊，為了別人的恭維而去聽交響樂，為了別人的叫好而寫詩，一切等於是為了賣掉自己，買了一個虛名。一生都是為了別人而活。這種人什麼時候才會真正的為自己生活呢？

柔弱並不代表懦弱

一般人認為老實是無用的別名，柔弱是懦弱的標誌。為了不被看成是無用的廢物，大家去投機取巧；為了不被看成是懦弱的笨蛋，大家去逞能鬥強。

我們生活在這個世界上，到處充滿了機巧、險詐、說謊、欺騙、逞能、陰謀、鬥爭，而老實、忠厚、善良、退讓、柔弱等美德都逃得無影無蹤了。

因為逞能，所以暗算代替了友情，因為彼此間搞陰謀，所以人間處處是陷阱；因為大家都說謊，所以世界沒有真誠；因為大家都自以為聰明，所以彼此都愚蠢；因為大家都想佔對方的便宜，所以到頭來等於挖了自己的牆腳。

其實，老實絕不是無用，柔弱也

不等於懦弱。相反地，老實才能成就大事，柔弱才能保存自己，戰勝他人。現在，讓我們來聽一段老子與商容的對話。

商容是殷商時期的一位貴族，也是當時一位很有學問的人，老子就曾向他求過學。當他生命垂危的時候，老子來到他的床前問候說：「老師您還有什麼要教誨弟子的嗎？」

商容說：「我的思想你已完全掌握了，現在我只想問你一個問題，當人們經過自己的故鄉時，要下車步行，

你知道這是什麼緣故嗎？」

老子回答說：「我想這大概是說，人們沒有忘記故鄉水土的養育之恩吧。」

商容又問道：「走過高大蔥翠的古樹下，人們總要低頭恭謹而行，你知道其中的原因嗎？」

老子回答說：「也許是大家仰慕它頑強的生命力吧。」

商容張開嘴讓老子看，然後說：「你看我的舌頭還在嗎？」

老子大惑不解地說：「當然還在。」

商容又問道：「那麼，你看我的牙齒還在嗎？」

老子說：「已全部掉光了。」

商容目不轉睛地注視著老子，說：「你明白這是什麼道理嗎？」

老子沉思了一會兒說：「我想這是剛強的容易過早衰亡，而柔弱的卻能長存不壞吧？」

商容滿意地笑了笑，對他這個傑出的學生說：「天下的道理已全部包含在這三件事之中了。」

生活智慧

俗話說：「狂風吹不斷柳絲，齒落而舌長存」，又說：「舌柔在口，齒剛易落」，都表明了柔弱勝於剛強。所以說，老實厚道、柔弱退讓，絕不是懦弱的標誌，相反的，它卻是聰明持久的象徵。

犧牲自尊得到的利益，值得嗎？

戰國時，宋國有個輕浮之徒叫曹商，有一次，替宋王出使秦國。他去秦時宋王送他車輛數乘。到秦國後，秦王也很喜歡他那副媚態，又送他車輛數百，回到宋國時，他有些飄飄然了，十分得意地對大智大慧的莊子說：「像你這樣住在窮陋的破屋裡，靠織草鞋過著窮困的日子，餓得面黃肌瘦，還能像沒事的說說笑笑，這是我所不及的；一旦見到有萬輛馬車的君主，我很快就能取悅於他，並封官晉爵，還能得到數百輛車馬的賞賜，這是我的長處。」

莊子聽後只想吐，真是反感厭惡到極點，他輕蔑地對他說：「秦王有病招請醫生，能夠使毒瘡潰散的可獲得一輛車，願意為他舔痔瘡的可得五輛車，行為越下賤越卑

微，得到的車輛越多，你大概比給秦王舔瘡還要卑賤得多吧，不然，怎麼能得到這麼多車輛呢？滾開！」

莊子所說的也許是個寓言故事，可是西晉的文章好手潘岳，卻是不打自招。一方面他寫《閒居賦》說自己厭惡官場的虛偽欺詐，另一方面他又輕躁好利，與石崇一起向當朝權貴賈謐獻媚，每天等候賈謐的車馬出來，望賈的車塵便跪拜，實在是醜態百出。

唐代有位郭霸，求官的醜態比曹商和潘岳還要肉麻。當時大臣魏元忠臥病在床，他主動去品嚐魏的尿液，嚐完尿以後，媚態可掬地對魏元忠說：「大人的尿液如果有甜味，那麼病就沒法治了；現在我嚐到大人的尿中有苦味，看來病馬上就會痊癒。」曲意逢迎的醜態無以復加。這種令人作嘔的卑污行為，當事人當然不可能意識不到，但為了其他更卑污的目的也就顧不了那麼多了。

清朝石成今寫過一則笑話，名為〈放屁文章〉，說一個秀才正經的好文章寫不出，放屁的壞文章卻做得很好。一次縣太爺忽然放了一個屁，秀才連忙拱揖進詞說：「大宗師高聳金豚，洪宣寶屁，依稀乎絲竹之音，彷彿乎麝蘭之氣。生員立於下風，不勝馨香之至。」

此文用白話來說就是：「大人高高聳起金屁股，放了一個寶貴的響屁，聲音比琴奏出來的音樂還要悅耳，氣味比麝香、蘭草還要芳香。學生我有幸立於屁的下風，平生第一次聽到了這麼動聽的聲響，聞到了這麼香甜的氣味，榮幸之至。」

生活智慧

為了獲得世俗的利益，不惜為他人舔瘡、嚐尿、聞屁，拿人格做骯髒的交易，不僅顯得當事人卑劣下賤，同時也是對人類尊嚴的侮辱。做官的威風，以及所帶來的實際利益，讓很多人為了求官而有種種噁心又醜陋的行為出現。看了這些醜態，身為旁觀者的我們，除了厭惡之外，是否還想吐呢？

心寬自然體胖

有個叫佛洛依德的心理學家，長期研究人的心理結構，他認為人的心理結構由三個部分組成：本我、自我和超我。本我就是本能慾望，充滿著慾望的強烈衝動，一味尋求滿足和快樂。

自我代表性和常識，它是按現實世界的實際情況行事，主要是控制和壓抑本我的無理要求。如果說本我是一匹野馬，那麼自我就是這匹野馬的騎手。超我是心理中高尚的道德意識，是人們常常所說的良知一類的東

西，它代表心理中存在的理想因素。

在心理結構中，自我與超我常常聯合起來同本我鬥爭，不讓本我那些無理的慾望得到滿足。平時我們說自己這段時間心理很矛盾，其實就是自我與本我進行較量。每個人都有些可鄙的慾望，誰都想尋求快樂，但多數情況下這些慾望被壓制了，如嚴寒的冬天早晨賴在被窩裡無疑比早起舒服些，但許多人仍堅持黎明即起。在異性問題上喜新厭舊恐怕是種普遍傾向，也可以說是每個人的本能，年輕貌美的姑娘和風華正茂的小伙子，肯定比黃臉大娘和駝背老漢吸引人些，但大部分的夫妻仍然白頭到老，難分難捨。這是因為心中自我和超我佔了上風，制止了本我胡作非為的衝動。有的人是人倫典範，高尚無私，主要是由於心理結構中超我的力量很強，另一些人成了流氓地痞主要也是由於他們受到本我貪慾的支配，最後只好像動物那樣為所欲為。

我們平時所說的自我批評，就是用超我、自我來戰勝本我，把卑鄙的念頭和衝動壓下去。現在讓我們來看一則戰勝自我的故事：

曾子一見子夏就說：「老兄，幾年不見，你看起來發福多了。」

子夏回答說：「我自己戰勝了自己，所以長胖了。」

曾子大惑不解地問道：「你的話我一點也不明白。」

子夏說：「以前我在書房裡讀到那些描寫聖賢的高風亮節就非常敬仰，出門看到別人享受榮華富貴又很羨慕，既想做一個品行高尚的君子，又想貪圖眼前的利祿富貴。這兩種力量在心裡相持不下，長期不分勝負，所以人越來越消瘦。現在聖賢的道德戰勝了享受的要求，崇高鎮住了卑劣，見到別人大把大把花錢也不眼紅，心裡感到非常平靜，生活清貧也很快樂，這樣下去怎麼會不胖呢？」

生活智慧

我胖了，因為我自己戰勝了自己，我用超我、自我來戰勝本我，把卑鄙的念頭和衝動壓了下去，我安於生活清貧，心境寧和、快樂，所以，我胖了。你呢？

天然ㄟ尚好

美在無意識中實現，天地之中的月白風清、春華秋實，或曲或直、或方或圓，並沒有誰去為它苦心追求，也沒有誰去為它精心修飾，它自然成為那個樣子。一切都是在無心無為中自然達到。

老子和孔子之間有一段對話，說明了無為就是美的本身。

孔子有一天去見老子，老子剛洗完頭，一頭濕髮待乾。此時的老子，凝神定立，就像是個木

偶。孔子見到這種情形，退出房門等他。過了一會兒，孔子再跟他見面時說：「不知是不是我的眼睛看花了，剛才在我眼中的先生，直立不動就像一根枯木般，超然物外，獨立自存。」

老子說：「我的精神暢遊於萬物的本源。」

孔子說：「此話怎麼說呢？」

老子說：「明心不明於口，體驗容易但難以言傳，我只能說個大概。天

地間有冷有熱，冷熱融合變化而生出萬物，天地化育萬物都不留痕跡；日遷月移，死生交替，天地間，無時不發生作用，不見其功勞；生有所始、死有所歸，循環往復，不見其邊際。我只知道它是萬物的根源罷了。」

孔子說：「在萬物的源頭，遊心又是怎樣的情景？」

老子說：「那可以說是最美最樂的境界了。」

孔子迫不及待地問：「請問先生怎樣才能達到這種美的境界呢？」

老子說：「就像山澗的清泉，沒有目的、沒有意識地向下流去，一路濺起水花，唱著歌兒，恬淡無為，又自自然然；就像山中的百花，自然開放，用不著人工的修飾；就像湛藍的天、遼闊的地、光明的日月，哪還用得著人為的修飾呢？」

這樣的意境，只有李白的詩形容的最為貼切：「清水出芙蓉，天然去雕飾。」

生活智慧

要如何實現自然的美呢？湛藍的天、遼闊的地、光明的日月，無一不美。美是在一種毫無目的，又毫無意識中實現的。所以，「無為」就可以實現自然的美。

先保有自我，再來談養生

有一天，南榮朱去找庚桑子說：「像我這樣一把年紀了，怎樣才能遲一點進棺材呢？」

庚桑子說：「保全你的形體，養護你的生命，不要讓你的精神焦慮就行了。」

南榮朱說：「我不知道眼球的形狀彼此有什麼不同，而盲人也看不見；我不知道耳朵的形狀彼此間有什麼不同，而聾子也聽不到；我不知道心的形態彼此間有什麼不同，而瘋子是完全失去理智的。是什麼使這些器官廢棄無用呢？你只是泛泛地說『保全你的形體』，怎樣才能『保全形體』呢？」

庚桑子沒話可說，只得說：「我才薄識淺，無法回答你的這些問題，你還是去南方求教於老子吧。」

南榮朱背著乾糧，走了七天七夜才到達老子的住所。

老子問他：「你是從楚國來的嗎？」

南榮朱說：「是的。」

老子又問道：「你怎麼和這麼多的人一起來呢？」

南榮朱驚異地回頭看了看，然而一個人也沒有。

老子笑了一笑，說：「你不明白我說的意思嗎？」

南榮朱羞愧地低下了頭，接著仰面嘆息道：「我不知道該怎樣來回答你的問題，而且也忘了自己此次來要問的是什麼？」

老子說：「此話怎講？」

南榮朱說：「有件事很叫我煩惱。我不求知，人家說我愚蠢，我獲得了知識，自己又傷腦筋。我不按世俗的規矩行事，人家說我不合群，我順著世俗跑，這又違背了自己的本性。我到底應該怎樣做才能擺脱這些煩惱呢？我很快就要被精神折磨死了。」

老子說：「你的樣子看起來既像失去雙親的孤兒，又像是拿著竹竿子去探測大海的人。唉！你已經失去了自我，沒有了『自我』還談

什麼養生呢？雖然你想恢復自己的本性，但又不知道該從何做起，所以你的心情越來越亂，越來越煩躁，我實在為你感到難過。」

南榮朱回到家中拋棄世俗的念頭，專心的養神，過了一天的時間，心裡還是覺得鬱悶未消，於是又來見老子。

老子一見到他就說：「你心靈上沾染的『塵埃』已洗去了許多，所以體內已充滿了精氣，但還有一些世俗的塵埃沒有洗淨，所以還是煩躁鬱悶，精神靜不下來。當你的心靈被物質的慾望干擾時，千萬不要去強行控制它，這會使內心的動盪更厲害，一定要斷絕心靈的活動，達到一種無思、無慮、無慾、無愁的境界，這就保全了自己的本性，本性不離開自己，那麼精神就會像井水一樣的平靜，這樣你還擔心自己不能長壽嗎？無慾才能無慮，無慮才能靜心，靜心無慾就能像小兒那樣快樂，也能永遠像小兒那樣年輕。」

生活智慧

現代的人講究養生，但卻不知道如何養生。事實上，養生很簡單，首先，要保有「自我」，如果沒有了「自我」，還談什麼養生呢？再者，讓自己的心靈達到一種無思、無慮、無慾、無愁的境界，這樣你的精神就會像井水一樣的平靜，而能達到養生的目的了。

自我反省才能修身

做人難，不僅難在要能認清別人，更難在要能清楚自己。怎樣才能既不盲目驕傲，又不妄自菲薄呢？這就需要我們進行廣泛的社會交往，人也和任何事物一樣，是在相互比較中獲得對自己的正確認識。如有人談到自己的能力時說：「比上不足，比下有餘。」這一認識就是通過比較得來的。同時，更重要的是要進行廣泛的社會實踐，在實踐中不斷豐富和修正對自己的認識。

我小時候天性好動，喜歡蹦蹦跳跳，所以很想當一名跳高運動員，上了國中以後，一次體育老師教我們跳高，那時候，我才發現自己不是跳高的料子，愛蹦蹦跳跳並不等於有跳高的才能，我的彈跳力和爆發力都不行。如果我不到操場上去跳幾次，只是在房裡空想當跳高運動員，那我可能很長的時間還蒙在鼓裡。

俗話說：「旁觀者清，當事者迷。」蘇東坡在〈題西林壁〉一詩中也說：

橫看成嶺側成峰，
遠近高低各不同。
不識廬山眞面目，
只緣身在此山中。

我們自己看不清自己的主要原因，就和身在廬山反而看不清廬山真面目是一個道理。要使自己對自我有自知之明，還得讓自己跳出自我的小圈子，站在旁觀者的立場來分析和評價自己。孔夫子稱他每天反省自己三次。反省就是自己把自己作為對象進行審視，讓自己成為自己的審判官。魯迅先生也曾說過：「我有時解剖別人，但常常更嚴格地解析自己。」這樣才能對自己有清醒的認識。

有自知之明的人為人處事都有主見，聽到別人吹捧不會飄飄然，受到別人的打擊也不至於垂頭喪氣。

生活智慧

「比上不足，比下有餘」，我們從比較中認識自己。如果躲在自我的小圈子裡，不跳出來看看別人，再看看自己，我們就像身在廬山一樣，永遠不可能了解自己。

最高超的化妝術是看不出有化妝

老子説：「善於走路的人不留腳印，同樣，真正的美不帶人工的痕跡。」這就是説雖然有人工的修飾，但外表上了無痕跡，這才算是美。這對從事藝術或愛好美容化妝的人來説，倒是很有指導的現實意義。

身為女性，沒有人不希望自己能傾國傾城，但老天並不總是慷慨大方、順遂人願，真是「不如意事常八九，可心人物難二三」。要像虢國夫人那樣的「老天還她肌骨好，不塗胭脂也風流」畢竟不多。杜甫有一首詩來形容虢國夫人的美：

虢國夫人承主恩，
平明騎馬入金門。
卻嫌脂粉污顏色，
淡掃蛾眉朝至尊。

大多數能稱為「美人」的人，還不至於漂亮到「脂粉污顏色」的程度，多少需要借助化妝品的幫忙，但高明的化妝是顯不

出有化妝，雖然有人工的修飾，但外表上了無痕跡，這才不失自然，算得上是美。

至於藝術的美，現在可以跟大家講一個古希臘兩位大畫家比畫技的故事，同時也給愛好修飾與化妝的先生女士們一些啓示。

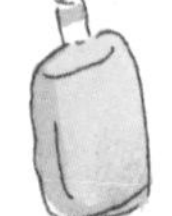

話說從前，在古雅典畫史上，才烏克西斯和巴爾哈西烏斯的畫都以逼真見長。有一天，他們各自拿出自己最得意的傑作，在雅典的市民面前比賽繪畫的技巧。才烏克西斯先登台，他手中夾著用精緻的包袱包著的一幅畫。他當眾解開包袱，展示出他的畫。畫上是一個小孩，頭上頂著一籃葡萄，站在田野中。那孩子活靈活現，眼睛像會說話似的；那葡萄在陽光下晶瑩欲滴，像似十分可口。在公眾拍手喝采之際，空中突然飛來兩隻貪嘴的鳥，一下子撲到那畫面上去，想啄食那葡萄。於是，又是一陣更熱烈的掌聲和喝采，才烏克西斯這才得意洋洋地走下台去。

輪到巴爾哈西烏斯獻畫了。觀眾不禁為他捏一把汗，他可有比才烏克西斯更絕妙的招術嗎？可是巴

爾哈西烏斯卻笑嘻嘻地夾著一個裹著畫的包袱緩步走到台上。他把包袱往桌上一放，就若無其事地對著觀眾閒眺。公眾急不可耐，在台下齊聲吶喊：「快把包袱解開來呀！」巴爾哈西烏斯將手插在腰際，依然微笑著，並不急著去解包袱。於是，有人生氣了，大聲叫：「畫家，快把包袱解開來，拿出你的傑作來比呀！」巴爾哈西烏斯很平靜地指著他的畫說道：「大家請看，我的畫並沒有用包袱包著，他早就擺在大家的面前了。請各位欣賞吧！」觀眾仔細一看，才知道他畫的原來就是一個包袱，他夾的正是他的畫。這下子人群沸騰了，千百雙受他「欺騙」的眼睛閃耀著驚異的光芒，一致公認他的畫技比才烏克西斯更高。

美，要能賞心悅目，美，要美得自然，不造作。

生活智慧

被人認為是「美人」，那是多麼美的一件事呀！但大多數能稱為「美人」的人，都不至於漂亮到「脂粉污顏色」的程度，所以，人工修飾也是很重要的。不過，要記得喲！當你借助化妝品的幫忙時，不要在外表上留下痕跡。因為，高明的化妝是顯不出有化妝的。這樣，雖然用了一點「人工」，但因為外表上沒有痕跡，不失自然，所以也稱得上美。

聰明的狐狸才吃的到鴿子

清代管同的寓言《記鴿》講了這樣一個故事——

一個姓葉的人家抓獲了兩隻鴿子，捆上翅膀後放在室外餵著。一天，牠們被狐狸發現了。狐狸知道牠們都不能飛，抓住雌的吃掉。雄鴿怒不可遏，猛啄狐狸的腿部，狐狸疼得嗥叫而去。沒過幾天，葉家又抓獲一隻雌鴿。狐狸抓住機會想再吃掉牠們。牠先把新來的雌鴿吃掉，由於前次被雄鴿啄過的緣故，牠好像不敢靠近雄鴿的樣子。雄鴿自以為很強大，就放鬆了對狐狸的警惕，沒有多久，還是被狐狸吃掉了。

無怪乎人們把狐狸看作狡猾的象徵，牠吃掉三隻鴿子所採取的種種手段，都暗合兵家的作戰原則。

當牠第一次看到兩隻鴿子時，本來想把雌的和雄的都吃掉，但在吃雄鴿時弄得精疲力盡，牠估計雄鴿會拼死抵抗，所以暫時嗥叫離開，以避開雄鴿的鋒芒，這就是兵家避免

與強大敵軍正面作戰的方法。

牠第二次來的時候，並不是不想先吃掉雄鴿，但牠深知雄鴿有了上次的經驗以後，必然防備森嚴，而新來的雌鴿則全無防備，所以先易而後難，並且暗示雄鴿自己只想吃掉雌鴿，不敢打雄鴿的主意，使得雄鴿得意而失去戒心，這就是兵家引誘敵軍驕傲懈怠的方法。最後看到雄鴿毫無戒心時，就趁其不備，突然向牠發起進攻，這就是兵家所謂的攻其不備，出其不意。

狐狸好像也學過老子的《道德經》，不然，牠怎麼知道「以奇用兵」呢？

生活智慧

狐狸吃鴿的三次策略暗合兵家的奇謀、奇計，身為人類的我們不得不感嘆狐狸是不是也研究過了老子的《道德經》！

不怕不識貨，就怕貨比貨

白居易有一首抒寫自己關於辨別真偽的人生體驗，他說在歷史上，忠與奸、愚與智被人弄顛倒，把奸雄當成了聖人，把智者當成了笨蛋，詩題叫《放言》：

朝眞暮僞何人辨，
古往今來底事無？
但愛臧生能詐聖，
可知寧子解佯愚。
草螢有耀終非火，
荷露雖團豈是珠。
不取燔柴兼照乘，
可憐光彩亦何殊。

意思是說：早晨還裝一本正經、煞有其事的樣子，到了晚上卻被人戳穿是假的，古往今來什麼樣的怪事沒有出現過，但有誰能預先就知道呢？有誰能事先從麒麟皮下發現馬腳呢？唉！偽君子從古到今都少不了，可是能辨偽的太少了。

臧生指春秋時的臧仲武，此人足智多謀，當時人們稱他為聖人，孔子卻一針見血地指出：臧仲武根本不是什麼聖人，而是憑自己的實力要脅君主的奸詐之徒。

寧子指春秋時衛國大夫寧武子，周王朝解體後天下大亂，寧武子為了在亂世中保全自己，經常在人前裝瘋賣傻，人們以為他真的是個呆傢伙，只有孔子才真正理解他，說：「寧武子在國家太平時便聰明，在國家昏暗時便傻氣。他那聰明有人趕得上，他那傻氣卻是沒人趕得上的。」臧仲武奸狡而詐聖，寧武子明智而裝呆，各自都用假象掩蓋了自己本質。然而可悲的是，世人只愛臧仲武這樣的假聖人，卻嗤笑寧武子這樣的大智者。

草叢中的螢火蟲雖然發光，可是它終究不是火；荷葉上的露珠雖然是又圓又亮，但它並不是珍珠。世間的許多事情有點像草間的螢火和荷葉上的露珠，很容易以假亂真，矇騙世人的耳目。

假如不用燔柴大火來作比較，怎麼能判定螢火蟲的光亮不是火呢？不用照乘明珠放在露珠旁邊比對，怎麼能識別荷葉上的露珠不是明珠呢？詩人說對比是辨別真假的重要辦法，「不怕不識貨，就怕貨比貨。」

詩人在另一首詩中告訴我們另一種辨別忠奸的辦法：讓時間去檢驗，經過一段時間的觀察，每一個人都會露出原形。詩的前半段說：

贈君一法決狐疑，
不用鑽歸與視蓍。
試玉要燒三日滿，
辨材須得七年期。

詩中說我給人們提供一種解決疑惑的方法，如果對一個人摸不準，用不著用龜甲占卜，用蓍草卜卦，讓時間去考驗他就行，真玉燒三天也燒不壞，是不是豫章木要等它長了七年後才知底細。一個人的偽裝，一天兩天容易，一個月兩個月也容易，要長期偽裝得不露馬腳就困難了。

生活智慧

世間的許多事情有點像草叢間的螢火和荷葉上的露珠，很容易以假亂真，矇騙世人的耳目。但是也不用擔心，讓時間去考驗就好了。真玉三天燒不壞，豫章木七年才知底。任何的偽裝又豈能躲得過時間的考驗呢？

平淡就像醇酒，越嚼越有味

老子說：「平淡是一種最高的美」。又說：「一個人應立身淳厚而不居於淺薄，外表樸實而不崇尚虛華，拋棄浮華而選擇平淡」。

三國時期，周瑜是吳國的三軍統帥，他的外表瀟灑而又樸實，程普說：「與周瑜在一起，就像飲醇酒一樣，不知不覺，自然就醉了。」醇酒就是味道很厚的酒，上口時平和、無刺激，飲酒的人以為它沒有什麼勁，容易多喝，所以，也容易醉人。

平淡也像醇酒一樣，表面上不修飾、不華麗、不吸引人，平平淡淡，樸樸實實，但蘊涵深厚，相處久了，越看越有味。越看越吸引人。當然，平淡不能淡而無味，否則，就會趨向於平庸。外表的平淡必須與內在的深厚結合在一起，這才能使一個人於樸素中見光華，於平淡處顯清秀。和這種人相處就類似於吃橄欖，初入口時不覺得有什麼稀奇，但越咀嚼就越有味道，越有味道就越美。所以說，平淡是一種最高的美。

生活智慧

現在有些年輕人以為美就在於濃妝豔抹中，似乎沒有高級化妝品、名牌服飾，從此就與美沒有緣分了。事實上，有些女人驟然之間並不吸引人，但見的次數越多就越吸引人。她就像醇酒一樣，表面上不修飾、不華麗、不吸引人，平平淡淡，樸樸實實，但蘊涵深厚，相處久了，就越看越有味。

生與死是一體的兩面

孔子從不去思考死亡的問題，他認為我們應該先弄明白了什麼是生，再來思考什麼是死。所以他在學生面前總是裝出一副對死毫不在乎的樣子。他有一句話常被人所引用：「朝聞道，夕死可矣」。

也就是說：「早晨懂得了真理，晚上就可以死去」。和孔子見解相同的哲人頗多。古希臘晚期也有一個大哲學家伊比鳩魯說：「死與我們活著的人毫無關係，因為當我們活著時，死亡並不存在；而當死亡來臨時，我們又不存在。」當代奧地利的哲學家維根斯坦也認為：「死亡不是生命中的事件，我們不會活著體驗死亡。」因此，

像孔子那樣，只考慮生而不去思索死是比較明智的方法。

但是，這些都只是一些表面的現象。凡是人，都恐懼死亡。所以我們可以看到有許多聰明人或自認為聰明的人，想盡辦法來安慰我們這些活著的人，有的人告訴我們說，人死了，靈魂會上天堂；有的人告訴我們說，人死了，還可以投胎轉世，二十年後又是一條好漢。可是這樣的說法並不能夠安慰人，靈魂是什麼？天堂又在哪裡？一切顯得如此虛無飄渺。投胎轉世就更玄了，若真的能夠投胎轉世，轉世後的「我」還是我嗎？那是否又是另一個「生」呢？投胎前的「我」和投胎後的「我」又有什麼關係呢？孔子他們更是高明，表明生和死是兩碼子事，二者河水不犯井水，活著就是活著，沒有死的痛苦，而且死了就沒有生命了，又何必為死操心呢？這雖然看起來很有

道理，但是還不能消除人們對死亡的恐懼。

正確的理解應該是這樣的：死與生是息息相連的，死亡伴隨著全部的生命過程。每一個人生下來就把自己交給了死亡，死與生一開始就是一體的，死屬於生，生也屬於死，死生一體。所以，古希臘有一個戲劇家說得好：「也許誰都知道，生就是死，死就是生。」

生與死是一個銅板的兩面，對死的認識會影響到對生的態度。有的人對死的意識很強，在生的時候，就不免大肆地揮霍享受。有的人同樣的意識到人都會有死的一天，但利用活著的時候，抓緊每一分鐘的時間學習與工作。孔子說：「不知道生，怎麼知道死呢？」，其實應該倒過來說：「不知道死，怎麼知道生呢？」

老子和莊子既能參透死，又熱愛生，他們愛惜生命卻不恐懼死亡。這樣的生命，才真正的怡然自得。

生活智慧

死與生是息息相連的，死亡伴隨著全部的生命過程。每一個人生下來就把自己交給了死亡，死與生一開始就是一體的，死屬於生，生也屬於死，死生一體。

美就是心中有愛

我們常說：「過分求美反而達不到美的目的，過分看重自己的美反而弄得很醜；不避醜就不一定醜，怕露醜就必然醜定了」。

話說春秋時代，陽子出差來到宋國都城商丘，在一家豪華的旅館下榻。旅館主人相當富有，養了兩個年紀很輕的妾，一個美得驚人，一個醜得嚇人。

那位美妾苗條修長，婀娜多姿，雙眸顧盼生輝，兩眉彎如新月，從烏髮到素足般般入畫。不僅容貌可人，而且能歌善舞。這樣的美貌加上聰慧，誰見了誰都忘不了她。

而那位醜妾卻是五短身材，皮膚黑又粗。陽子不明白旅館這位闊氣的老闆怎麼會愛上她。可是，住了幾天後他發現情況和他想像的完全相反，那位醜妾受到旅館上下人的尊敬，老闆也和她形影不離；而那位美妾則受到眾人的鄙視，老闆對她似乎也不怎麼感興趣。

陽子大惑不解，他向旅館的服務員暗中打聽，那位服務員不敢說直話，怕因此被老闆炒魷魚，只是很含蓄地對陽子說：「你再觀察兩天就知道其中的原因。」陽子更覺

得蹊蹺，就留心觀察二妾。

發現那美妾自我意識太強，覺得自己美若天仙，把所有的人都看成醜八怪，那神情冷漠又高傲，老想別人跪在她腳下仰慕她、恭維她，那份驕矜之氣真叫人受不了。

美妾自以為壓過群芳，處處以美豔自炫自耀，因而大家由反感她到厭惡她，慢慢地再也看不出她美在何處了；醜妾自謙其醜陋，為人親切誠懇，人們反而忽略了她的醜陋，慢慢看習慣了，也就不覺得她醜陋了。

生活智慧

人，美醜的變化有多大呀！如果一個人內在平和，外在平易，即便是醜也覺得美；如果一個人內心傲慢，外表冷漠，就算美若天仙，大家也避之唯恐不及，只能說醜人也許是最美的人了。

萬物的根本

老子說：「天下一切生命都有自己的源頭，這個源頭就是一切生命的根基。一旦掌握了萬事萬物的根基──母，就能認識世間的萬事萬物──子。即使已經認識了萬事萬物，已經把握了一切的生命，還必須堅守著生命的根基──『道』」。

「道」是什麼？依照老子的思想，問題的本身就不對，「道」不是個什麼東西，「道」也不可用語言來說明。

有一天，泰清跑去問無窮說：「你知道『道』是什麼嗎？」

無窮說：「不知道。」

泰清又去問無為：「你知道『道』是什麼嗎？」

無為說：「知道」。

泰清十分高興，到底有人知道『道』是什麼東西了，他迫不及待地問道：

「你所知道的『道』能用語言來具體說明一下嗎？」

無為說：「能。我所知道的『道』，貴可以為帝王將相，賤可以為僕役奴隸，可以聚合為生，可以分散為死。」

泰清把他聽到的東西告訴無始說：「無窮說他對道一無所知，無為老弟卻把道說得活靈活現，這究竟誰對誰不對呢？」

無始說：「說自己不知道『道』的是深邃之士，稱自己知道『道』的是浮淺之徒，前者屬於內行，後者則冒充內行。」

聽無始這麼一說，泰清仰起頭來感嘆道：「不知便是知，知反而為不知，以前我怎麼知道不知就是知呢？」

無始說：「道不可聽，聽得到的就不是道；道不可見，見得到的就不是道；道不可言語，能用語言說出來的就不是道。一有人問『道』便可以出口回答人就不知道『道』，問道的人也不可能聽見道。道不可問，也不可答。本來不可問的卻要強去問，這是空洞無聊的問，本來不可答的卻強來回答，這種答也必定空洞無聊。以空洞的答去回應空洞的問，對外便不能觀察宇宙，對內便不能知道和體驗自身的本源。」

無始這一番話把泰清越說越糊塗，他搖著頭一聲不響地走掉了。

「道」既不可尋問又不能言語，那叫人怎麼把握它呢？老子曾多次描述過它，我們還是先聽聽老子是怎麼說的：

老子說：「有個渾然一體的東西，在天地形成之前就存在，聽不見它的聲音，看不見它的形狀，它獨立生長而永不衰竭，循環運行而生生不息，可以為天地萬物的根源。我不知道它的名字，勉強把它稱為『道』，再勉強給它取個名字叫『大』。它廣大無邊而周流不息，周流不息而延展遼遠，伸展遼遠而返回本源」。

老子又說：「道是那樣空曠開闊啊，像深山的幽谷；是那樣渾樸純厚啊，像混濁的水一樣；是那樣沉靜恬淡啊，像深湛的大海；是那樣飄然無蹤啊，好像沒有止境」。

道，就是這樣的玄而又玄。

生活智慧

道是什麼？「道」不是個什麼東西，也不能用語言來說明。道不可聽，聽得到的就不是道，道不可見，見得到的就不是道。道不可問，也不可答。道就是這樣，玄而又玄。

「有」即是「無」、「無」即是「有」

老子說：「可以用語言表達出來的『道』，就不是那永恆的『道』，可以用語言說出來的『名』，就不是那永恆不變的『名』。『無』，是天地的本始；『有』，是萬物的根源。所以常從『無』中去認識『道』的奧妙，常從『有』中去觀察『道』的端倪。『無』和『有』同一來源而名稱各異，它們都可說是很幽深的。幽深而又幽深，就是一切變化的總門」。

這就是讓我們進入老子智慧寶庫的一把鑰匙，看來想獲得老子的智慧，並不是像吃冰淇淋一樣那麼輕鬆容易。

老子所說的「道」不僅在天地形成之前就已經存在，而且還是天地萬物的創造者。「道」生一，一生二，二生三，三生萬物，因為「一」是「道」所生，所以人們又把「道」稱為「太一」。這個「太」就是「太上皇」、「太老爺」的「太」字，皇帝的父親稱為「太上皇」，老爺的父親稱為「老太爺」。「一」是宇宙沒有分裂時渾沌的統一體，由這個統一體分裂為兩個對立面，再由兩個對立面產生出一個新的第三者，然後又產生出世界上的萬事萬物。

既然天地的萬事萬物來於「道」，那麼，「道」就是天地的開端，也就是萬物的根源。老子有時把「道」說成「無」，有時又把「道」

說成「有」，說「無」是天地之始，說「有」是萬物之母，那麼，「道」究竟是「無」還是「有」呢？

其實，「無」和「有」是一個東西，老子是在和我們捉迷藏，他自己也說這兩者名稱雖異，來源相同。「有」是一個概括的名詞，世界上各種不同的事物都有一個共同的性質，即：「有」，也就是存在。但是，世界上沒有一樣東西只是空洞洞的「有」，而不具備其他的性質，比如我們說「有××，有×××」，總不能光說「有」「有」，我們可以說「有一株柳樹」，但不能只說「有」，因為柳樹不只是「有」或「存在」，它還有本身的特性。如果只是孤零零空洞洞的「有」，而不具備其他性質或特徵，那就是「無」，可見，極其空洞抽象的「有」就成了「無」。

我們再來說「道」，我們應該怎樣來稱「道」才好呢？說「道」是「無」吧，萬物又由它生長出來；說「道」是「有」吧，它又沒有任何性質和特點，叫人看不見摸不著。因而，老子有時說它是「無」，這是就「道」沒有特點、沒有性質、沒有形狀而言；有時說它是「有」，這是就「道」產生萬物而

言。所以說，說「道」是「無」，行；說「道」是「有」，也行。

「道」是老子討論的中心課題，人們把他的思想稱為「道家思想」，把他創立的學派稱為「道家」，老子的一切思想都是由「道」演化而來的，所以在進入老子思想寶庫之前，我們不得不弄清楚「道」是「無」還是「有」這個有趣而又叫人難以捉摸的問題。

老子的道創造了萬事萬物，而萬事萬物又無不顯出「道」的特性，現實生活中的生死相依、禍福相因、高下相形、動靜相對……再再可以看到「道」的蹤跡、「道」的特質，道存在於養生、修身、齊家、治國中，道成為人類的生活方式，道也成為人類的一種處世方法，「道」是萬事萬物的開端，「道」也是為人的根本。

生活智慧

什麼是「無」？「無」，是天地的本始。什麼是「有」？「有」，是萬物的根源。「無」和「有」是一個東西，它們的名稱雖然不同，但是來源相同。舉例來說，你家門前「有」一株櫸樹，但不能只說「有」，因為櫸樹不只是「有」或「存在」，它還有本身的特性。如果只是空洞洞的「有」，而不具備其它的性質或特徵，那就是「無」。由此可見，極其空洞抽象的「有」就成了「無」。

不用爲了苟活，而去求長生不老藥

死與生一直都是人類勘不破的大謎，孔子的學生子路有一次對孔子說：「老師，請問死是怎麼一回事？」孔子對這個老是喜歡提怪問題的弟子早就有些不耐煩，他把臉一沉，說：「生的道理我還沒有弄明白，怎麼懂得什麼是死呢？」把子路嗆得一鼻子灰，他把頭一縮，再也不敢開口了。儒家把全部的心思都花在社會與人生上，他們對死談不上什麼高明的見解，可能也是事實，孔子自稱不懂得死是怎麼回事也許不是客氣話。道家的創始人卻把死和生翻來覆去地沉思，他們對於這方面的看法既深刻又有趣。

老子崇尚一種自然的人生態度，同樣地也主張以一種自然的平常心來對待生死。他認為一個人應該不貪生不惡死。生的時候不歡天喜地，死的時候也不呼天搶地。無拘無束的來，無牽無掛的走，不忘記自己的來處，也不追求自己的歸宿。事情來了就欣然接受，不想方法求生，也不設法避死，把死和生全扔在腦後，一切聽任自然的安排，不用心靈智慧去損害道，也不用人為的方法去破壞天然。

人有出生的一天，就必定有死亡的一天，這就像有黑夜就必定有白天一樣，是自然的規律，是每一個人都逃避不掉的。試想一想，如

果把船藏在山谷裡的深澤中，再踏實隱密不過了，不是嗎？然而大地是不斷在運動的，有些山谷成了高山，有的高山又夷為平地，山谷如果有所變化，那麼，船當然也就藏不住了。

高山和深谷都會有所變化，何況是有著肉體之身的人呢？有些人一發現自己的臉上有了皺紋，或者是頭上有了幾根白頭髮，就發愁不已，這就是不懂得自然的道理。對於生老病死要能聽其自然，這樣才能擁有一個瀟灑自在的人生。

除了極度厭世的人之外，每一個人都熱愛自己的生命。熱愛自己、珍惜生命並沒有錯。《伊索寓言》中有一個故事：有一個老人上山砍柴，把柴扛在肩上走了很遠的路，他又累又渴，不得不把柴放在路邊好歇一會兒腳，此時的他順口說了一句：「唉！還不如死了的

好。」死神聽了這話，連忙跑來問他說：「你需不需要我的幫忙呀！」老人並沒有要求死神把他帶走，反而說:「請你把那捆柴放到我的肩上！」寓言中的這位老人心態上的變化，很有意思，也頗見人生的道理。

中國古代有許多人祈求長生反而弄得短命，不少皇帝為了長生不老而求仙供佛，結果不是送了自己的生命就是害了別人的生命。古往今來求仙求佛的千千萬萬，長生的卻找不到一個。秦始皇曾派徐福帶著數千的童男童女入海求仙，到神話中的仙山蓬萊去採不死藥，徐福入海後並沒有看到什麼仙山，回來後騙秦始皇說：「海裡有一條大鯨阻撓了去蓬萊山的航道。」秦始皇親自帶人到海邊射死了一條大鯨，但還是沒有採到什麼不死藥，沒有過了多少年，他自己也一命嗚呼。李白有一首詩諷刺他說：

徐市載秦女，樓船幾時回？

但見三泉下，金棺葬寒灰。

生活智慧

人有出生的一天，就必定有死亡的一天，這就像有黑夜就必定有白天一樣，是自然的規律，是每一個人都逃避不掉的。所以，我們應該生的時候不歡天喜地，死的時候也不呼天搶地。無拘無束的來，無牽無掛的走，不忘記自己的來處，也不追求自己的歸宿。事情來了就欣然接受，把死和生全扔在腦後，一切聽任自然的安排。

處世的態度

《老子》這本書又稱為《道德經》，上篇（第一章至第三十七章）稱為道經，下篇（第三十八章至第八十一章）為德經。當「道」落實到現實生活的層面時便是「德」，「德」是道之用，也是道的顯現。「道」是沒有滲入一絲一毫人為的自然狀態。「德」是雖然滲入了人為的因素，但又返回到自然的狀態。

老子所說的「道德」同儒家創始人孔子所說的「道德」不同，仁義是孔孟道德的主要內容，強調的是人們行為的倫理因素，所以儒家把「道德仁義」並稱。

老子說：「失去『道』而活，才有『德』，失去『德』而後才有仁，失去仁而後才有義，失去義而後才有禮」。又說道：「『道』生成萬物，『德』養育萬物，……所以萬物沒有不尊崇『道』而珍貴『德』的」。老子反對儒家的「道德」說，老子認為仁義這些東西是人為的，是對道的破壞。而老子認為萬物由道而生，由德而長，道和德是萬物發生和發展的根據，道德的根本特性就是「自然」。老子的道就是以「自然」為法則。

「自然」，是老子「道」的特性，也是他倡導的一種人生境界和生活態度。「無為」是「自然」的延伸。一切人為的東西都不自然，要「自然」就必須「無為」，為人處世也應該順應自然，所以辦任何事都不可憑主觀、慾望，任意胡作非為。以自然無為作為處世生活的基本態度，才能真正感受到老子的致虛、貴柔、守靜、不爭、取活等思想，也才能真正體會出「道」是萬事萬物的開端，也是為人的根本。

生活智慧

道是作人的根本，它真真實實就在現實生活之中，所以，治國、齊家、修身、求學、養生莫不有道，我們可以說道成為人類的生活方式和處世方法。

看見自己的需要

如果說人生的意義就在吃穿二字，那麼吃飽穿暖以後呢？難道就沒事可做了嗎？那麼，人身上多餘的能量又要釋放到哪裡去呢？總不成把自己的生命意義限制在動物的層次上吧？！這時候，就要看我們所追求的是高尚，還是低下？這時候也就要看我們的人生是否有根基，是否有精神的支柱了。

世界上的各種生物都有自己的根基，魚兒在水中愉快地游，離開了水很快就會喪命；樹木在沃土裡茁壯成長，離開了土壤就要乾枯。人的根基是什麼呢？人既然是一個自然的動物，就像魚和樹一樣，離不開空氣、陽光、土壤，同時他又是社會動物，離不開精神的支柱和根基，這個支柱或根基就是老子所說的「道」。

我們正處在傳統社會和現代文明社會的交接點上，傳統的人生觀受到了懷疑和動搖，而新的人生觀又沒有確立，大家失去了安身立

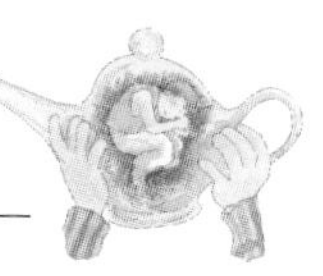

命的基礎，找不到行為的準則是什麼，心中全然沒有主見，思想、行為和語言都模仿著電視廣告。

說真的，我們常常不知道自己愛什麼、恨什麼、需要什麼、做什麼。即使像談戀愛這種純粹的個人行為，在現代社會也被潮流化了。大家總是看到別人去做什麼自己就做什麼，我們做的許多事情不是出於個人的主動選擇，而是附庸於大潮流的結果。

我國幾乎一年就有一個或數個「熱」，如「出國熱」、「學歷熱」、「經商熱」、「房地產熱」、「股票熱」等等。因為大多數情況下人們沒有明確的價值觀和人生觀，所以找不到「我應該作什麼」，而是「別人作什麼我就作什麼」、「人家怎樣我也怎樣」。沒有自己的個性、沒有自己的好惡、沒有自己的追求。我們就像水上漂浮著的浮萍，風把我們吹向哪兒就飄向哪兒，關鍵是我們沒有自己的「根」。

因此，我們的出路是努力找回自己的根基，找到自己的精神支柱。有了人生的根基就會有人生的目的。有了人生的目的，活著就會有主見，就會堅定不移地走自己要走的路。這時候的你，一舉一動就不會跟著別人走，這時候的你，才是真正的你，才是找到自己出路的你。

生活智慧

我們活著，要有精神支柱。也就是要有自己的人生目的。我們要清清楚楚的知道自己愛什麼、恨什麼、需要什麼、要作什麼，我們活著有自己的看法，不會盲目地跟著別人走，而活在別人的陰影中。千萬不要把自己的本性喪失在世俗的山谷中，而不知不覺地在山谷中追逐，找不到出口。

想保命就不要當皇帝

古時候的人珍惜自己的生命，對權位沒有那麼迷戀，官癮也沒有那麼大。想想看，當初堯想要把君位讓給許由，許由堅決不接受。又把它讓給子州支父，子州支父說：「讓我作天子也不是不行，可是，我正患著重病，前沒多久醫生才確診了我的病因，這些天來我連續的服藥，沒有時間和心思來治理天下，再說，我也不想拖著病來理政。」

君位應該是天下最高的權勢之位了，而子州支父不願意以顯位妨害自己生命，更何況是其它的事情呢？只有那些不以天下為自己所用的人，才可以把天下托付給他。

堯見子州支父不想接受君權，又跑去找子州支柏，想不到子州支伯也說：「我正患著病哩！醫生後腳出門你前腳就進來。我哪有心思去治理天下呢？治病要緊呀！」子州支伯和子州支父一樣，不願意拿生命來交換君位，這真是有道的人不同凡響的地方。

君位像皮球一樣被人踢來踢去，誰也不肯來接，這下可急壞了堯，堯又急急忙忙跑去找善卷，想把天下讓給他來治理。善卷說：「我站在天地中，冬天穿皮毛，夏天披粗布；春天下地耕種，身體已經適應了勞動，秋天收割的糧食，也足夠安養自己全家的生命；太陽出來就下田地，太陽下山就收工，我在天地之間逍遙自在，要天子的權勢作什麼？堯呀！太可悲了，我們相識已經好幾十年了，你根本還不了解我。」說完就攜著妻子兒女離開家鄉逃到深山裡，怕堯再糾纏他不放，後來沒有人知道他的去處，堯派人打聽了好幾次也沒有打聽到下落。

堯又想把君位讓給他的朋友石盧，石盧是個莊稼漢。堯剛把自己的想法告訴他，石盧馬上拒絕：「治理天下實在太辛苦了，君王是些勞勞碌碌的可憐蟲！」石盧認為自己的德行還差了一大截，於是他扛著行李，妻子頂著用具，攜家帶子隱居海島，終身再也沒有回到大陸。

生活智慧

古時候的人珍惜自己的生命甚過對權位的迷戀。更別談有什麼官不官癮的了。以現在的角度來看，或許我們會批評他們欠缺對大衆的責任感，以及太獨善其身了。但是，人生能夠這樣的自在，要比後人的鉤心鬥角、爭權奪利要好上不知幾百倍呢！

想當官想到死

不知是什麼原因，越到後世，人們的官癮越大，上古人將權柄往外推，擔心權勢損傷了自己的生命，後世的人把權柄往自己的懷裡搶，見了權柄就忘了性命。清朝袁枚有一篇小品名為《官癖》，上有記載：名戴南陽府（今河南省南陽市）某太守死於官署，從此以後他的陰魂不散，每天黎明上班點名時，他必定還是頭戴烏紗帽身穿官服，嚴肅地坐在他過去辦公的位置，他的下屬向他叩頭，他仍然能點頭回禮，一直到太陽出山，他的陰魂才離去。

清朝雍正年間，一個姓喬的太守就任南陽，聽說這件事後笑著說：「此人有官癖，身體雖然已經死了，他的陰魂還不知道自己已成古人，我去將實情告訴他。」那天天還沒有亮，喬太守就帶上烏紗帽穿上官服，早早地坐在過去太守的座位上。到了黎明上班點名時，戴著烏紗帽的陰魂又遠遠而來，看到公堂上自己的座位已被人坐著，不覺猶豫了起來，呆呆地站了一會兒，長長嘆了一口氣就離開了。陰魂大概明白了事情的真相，從此再也沒有出來過。

這則故事雖嫌荒唐，含意頗深。官癖這樣深的人並不是為了獻身於社會，而是著眼於官位帶給人的物質和精神滿足。「三年清知府，十萬雪花銀」物質上的滿足就不用說了，精神上的滿足更無法估量。在一個專制落後的社會，德才兼備的人往往被摧殘埋沒，無才無德的壞蛋，反而竊取高位，誰的權大誰就有理，誰的官高，誰就受人尊重，官的大小，成為衡量一個人價值的尺度。

韓愈在《送李願歸盤谷序》中描繪過當權者的威風：在外出巡鳴鑼開道，侍衛手執戈矛弓箭在左右護駕，隨從人員跟了一長串，把道路塞得滿滿的。平時以喜怒論賞罰，出言就是法律，好不威風。所以說，我國當官的大多患有官癖，沒有當上官的也想得個一官半職。因為有了權，便有了一切，有命沒有命，那也就不那麼重要了。

生活智慧

有些人作官不是為了獻身於社會，而是著眼於官位帶給人物質和精神上的滿足，他們把官的大小、權的大小，當成衡量一個人價值的尺度，而認為有了官、有了權便有了一切，此時的他，有官、有權就好，沒有命又有什麼關係！

想要削弱它，先讓它強大

「要想削弱它，必須先讓它強大起來」，老子這句話著實讓人費解。要把惡勢力扼殺在萌芽狀態之中，防微杜漸等等，是人們常常聽到的處世格言。因為，羽翼未豐之時容易對付，翅膀硬了以後就難收拾了。難道大家忘了「養虎貽患」的成語嗎？誰會傻到把小老虎好好養起來，等牠長到兇猛無比時才去制服牠呢？但這只是一個方面，讓我們來看下面精采的故事吧。

越國被吳王夫差打敗後，越王勾踐被迫求和，放下國王的架子，主動給吳王夫差當奴僕，後來做了一名吳王的馬前卒，便覺得

是莫大的成功。回國後還一直小心侍奉吳王。聽說吳王準備過江攻打齊國，爭奪北方的霸主，越王勾踐趕來朝見，還貢上許多禮物，表示對他北伐的鼓勵和支持。吳在今山東萊蕪縣打敗齊軍，把勢力範圍擴大到長江濟水，在宋國的黃池與諸侯會盟，和強大的晉國爭做盟主。等吳王在北方耀武揚威的時候，越王勾踐趁吳國久戰疲憊，外強中乾的機會，一舉打到了吳國的首都。

生活智慧

勾踐促使吳國擴張領土，四處逞雄，讓它表面越來越強大，實際上是耗盡吳國的潛力，最後使它不堪一擊。這就是「要想削弱它，必須先讓它強大起來」的最佳實例。

做事處處邀功與商人何異

戰國時，秦國打到了趙的國都邯鄲，魏王派將軍晉鄙去援救，因畏秦軍的強大而按兵不動。魏王又派辛垣衍偷偷潛入邯鄲，通過平原君向趙王說：「秦之所以急於圍趙，不過想要帝號的虛頭銜，趙如果尊秦王為帝，秦國必定罷兵。」當時齊國的名士魯仲連正在邯鄲，聽說這件事後也求見平原君，一見面就問：「公子打算如何處理？」前不久趙四十萬大軍被秦坑了，現在國都又被秦軍圍困。平原君是那時四大公子之一，身為趙相，弄得國家損兵失地，他哭喪著臉回答說：「我正一籌莫展哩，還談什麼處理辦法！」魯仲連說：「原先我以為您算得上天下的賢公子，現在看來有點名不符實，梁國派來的將軍在哪兒？我想見見他。」

等見到辛垣衍後，魯仲連悶著

一聲不吭。辛垣衍想嘲弄一下這位名聲震耳的高士，尖刻地說：「我看這座被圍的城中，所有的人都有求於平原君；而先生一派高潔的模樣兒，大概不會有什麼事要平原君幫忙吧？可是為什麼待在這兒不走呢？你難道不明白這座城很危險嗎？」

魯仲連說：「現在有些人喜歡以小人之心度君子之腹，總以為每個人的行為動機，和他一樣是為了個人的私利。秦國貪婪而又殘忍，以權謀來驅使它的官吏，又把老百姓當作奴隸來使用。如果讓它毫無顧忌地稱帝，我寧可到東海去淹死，也不願作秦的臣民。今天之所以見將軍，就是為了助趙抑秦。」

辛不以為然地笑了笑，說：「請問先生如何助趙抑秦呢？」

「我將使梁國、燕國出兵相助，至於齊、楚等國，本來就想助趙抗秦的。」

「其他國家我不了解情況，我是梁國人，你如何使梁助趙呢？」

「梁未認識到秦稱帝的危險性，如果認識到這一點，就會主動出兵相助的。」

「秦稱帝有什麼危險性呢？」

魯仲連說：「鬼侯、鄂侯和文王當年是紂的三公。鬼侯的千金出

落得十分標緻，就把她進獻給紂王，紂王卻覺得她長得太醜，一氣之下把鬼侯剁成了肉醬。鄂侯為此極力向紂王力諫，又把鄂侯殺死做成肉乾。文王聽說後只輕輕嘆了一口氣，紂王就把文王抓到牢裡關了一百天。梁與秦是平等的國家，幹什麼要向秦俯首稱臣，讓人家砍成肉醬、做成肉乾呢？而且，秦稱帝後，梁王的宮廷得不到安寧，將軍你又怎麼保得住昔日的尊榮？」

辛聽後拜謝說：「起初我以為先生只是個徒有虛名的庸人，現在才算領教了先生的才智，您不愧為當今天下的豪傑。我再也不敢說半句帝秦的事了。」

秦王刺探到魯仲連聯合各國抗秦，很快便撤兵了。

趙國得救了。趙相平原君想封魯仲連，魯推辭再三不肯接受。平原君又以千金為他祝壽，魯仲連笑著說：「英雄豪傑的可貴之處，在於為人排難解憂而不居功，在效力於社會而不收報酬，如果做了點好事，立了點功，就居功取利，這與以貨易貨的商人有什麼兩樣呢？」

生活智慧

英雄豪傑可貴的地方，在於替人排難解憂而不居功，在為社會效力之後而不收報酬，可惜，社會上這樣不居功的豪傑太少，分文必爭的商人又太多！

心若不專，連老鼠都能戲弄你

宋代蘇東坡的詩、文、書、畫無所不能，幾乎在每一個領域都達到第一流的境界，是一位叫人欽敬又讓人喜愛的全才。

大家對他的智商高低，應該不會有所懷疑，但說來叫人不會相信，這樣的一位大文豪竟然被一隻小老鼠給捉弄了，事情是這樣的——

一天夜晚，蘇東坡靠在床頭上看書，一隻老鼠正在咬東西，弄出「吱吱」的聲音，他拍一拍床，聲音就停止了，等他靜下來看一會兒書，老鼠又開始咬起來。他叫兒子掌燈照一照，看老鼠在啃什麼。兒子說衣櫃中間空了一個洞，聲音是從衣櫃中傳出來的。東坡高興地笑著說：「嘻！這隻老鼠被關在櫃子中出不來了。」打開衣櫃一看，又聽不見任何聲音，拿蠟燭來尋找，才發現櫃子中有一隻死老鼠。他的兒子覺得十分奇怪：「這隻老鼠剛才還啃得「吱吱」響，怎麼一轉眼就死了呢？如果剛才的聲音不是牠弄出來的，難道有鬼嗎？」父子

兩想搞個水落石出，便把衣櫃倒過來，那隻「死」老鼠一落地撒腿就跑，再敏捷的人也追不上。

東坡見此驚嘆不已：「這隻老鼠真夠狡猾的！把老夫捉弄了一番。牠被關在衣櫃中，衣櫃的板子太硬，牠不能咬出洞來，所以故意出聲招引人；人一去，牠又故意裝死，用死的樣子來麻痺人，然後尋找機會逃脫。聽說所有動物中，人的智慧最高，捉龍伐蛟，殺龜捕麟，能役使萬物，主宰一切。現在反倒被老鼠指使了一回，陷入了這隻小動物設

下的圈套，牠裝死的時候靜如處子，逃命的時候快如脫兔。怎麼能說人最有智慧呢？」

他靠在床上閉目養神，暗暗思考自己上老鼠當的原因，迷迷糊糊地好像有人告訴他說：「東坡先生啊，你不過是多讀了幾本書，多記了點死知識，離「道」還遠得很哩。你自己思考時不能靜下來專心致志，對世俗中的樣樣東西感興趣，目迷五色，口戀百味，耳耽千聲，連一隻老鼠咬東西就使你坐立不安，看不進書，精神不專一竟然達到了這種程度，人有時摔碎一塊價值連城的璧玉也無所謂，而打破一個鐵鍋卻驚叫起來；人能撲殺山中的猛虎，但有時見到蜂螫而變色。這全因為人不冷靜、不專一的過錯。那隻老鼠用聲音招引人，用裝死麻痺人，是多麼地冷靜沉著，注意力是多麼地集中專注！你上當就上當在心不靜，神不專！」

生活智慧

小老鼠是多麼聰明呀，牠竟能夠設下圈套為自己解困，牠裝死的時候靜如處子，逃命的時候快如脫兔。人的智慧最高，但也會有被老鼠捉弄的時候，就在於人的輕忽，以及心不靜，神不專。這樣的故事還真發人深省。

抗拒不了誘惑，結果就是蠢

《四書》中的〈大學章句〉說：「知止而後有定，定而後能靜，靜而後能安，安而後能慮，慮而後能得」。如果把它翻譯成現代的白話就是：「知道所要追求的目標，精神就能安定在一點上；精神一定心境就能靜；心境能靜，心也就能安，心安就能潛心深刻地思考，如此這般，做任何事還愁沒有收穫嗎？」

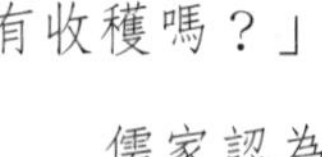

儒家認為精神的靜、定，是一個人得以進行潛心學習思考的前提。不能心靜就必然浮躁。人的心境有點像水面，不能平靜就一定會動盪。精神浮躁，怎麼能專一和持之以恆呢？

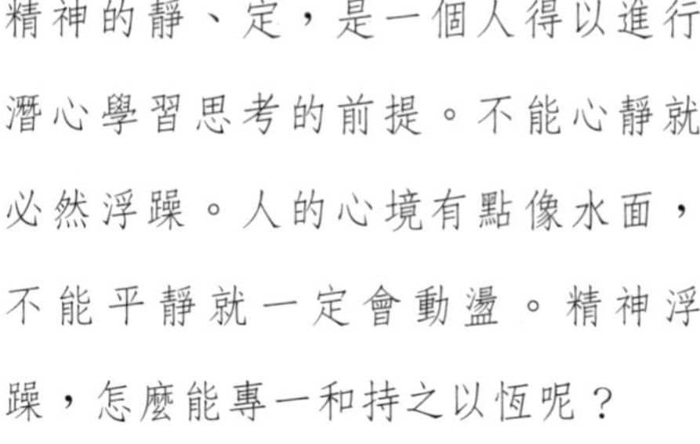

《孟子．老子》中有一段話——世界上所有的國王往往都很愚蠢。有人對此大惑不解，國王的生活條件那樣好，國家圖書館裡的藏書又那麼多，國王怎麼反而比平民百姓還愚蠢呢？孟子說：「國王不聰明一點都不奇怪。縱使一種最容易生長、栽培的植物，曬它十天，又凍它十天，你看它還能不能再生長？譬如下棋，這在一般人眼中是雕蟲小技，但如果靜不下心

來，就別想把它學好。」

奕秋是一致公認的下棋聖手，假使讓兩個學生跟他學棋，其中一個心無二用，聽了奕秋的教誨以後，只是靜靜地揣摩老師的棋法，另一個表面上雖然也恭恭敬敬地在聽奕秋老師的講課，其實心猿意馬，一邊聽課一邊在想：「有隻天鵝快要飛來了，如何迅速拿起弓箭把牠射下來。」哪怕他與那位同學同吃同住同聽課，到學期結束時他的成績一定不如人家。是不是他不如前者聰明呢？當然不能這樣說，只是前者安靜潛心，後者精神躁動而已。

據朱熹考證，《大學》是由曾子記述的孔子語錄。孟子上面的言談與前面《大學》中的引文是一脈相承的，二者都認為只有靜才能安，安然後才能思考，能認真思考才會學業長進。國王比一般人愚蠢的原因，是由於國王的環境使他靜不下心來，無法潛心學習和思考。

生活智慧

現在都市裡有許多中小學生的學習成績不如鄉下孩子，問題出在他們所受外界環境的刺激太多，孩子們的年齡太小，抗拒不了這些刺激的誘惑，而有些家長在孩子做家庭作業時，看黃色錄影帶或驚險武打片，孩子們邊做作業邊想著電視，逐漸養成了浮躁不專的心理。結果他們的結局就像國王一樣「蠢」。

靜是法寶，是復歸生命的本性

老子說：「儘量使心靈保持虛寂，要切實堅守心境的清靜。從萬物的生長發展中，觀察循環往復的道理。事物儘管變化紛紜，最後還是各自返回它的本根。返回本根就叫做「靜」，也稱為「復歸生命的本性」。

我們常常認為萬事萬物中的「靜」，是相對的，是暫時的，這個世界永遠不會風平浪靜，只會有無休無止的紛擾和鬥爭。相反的，老子認為世界上的「有」（萬事萬物）來源於「無」，其源頭是「虛靜」，通過發生、發展，又回到原來的「靜」，這就像一粒小麥，通過發芽、生長、成熟，又回到原來小麥「靜」的形態。萬物都靜靜的守著自己的本性，默默地吸取著大地的雨露，享受著天然的壽命，春榮冬枯，最後又回到天然的寂靜。

我國的政治謀略也這麼認為：在尖銳複雜的

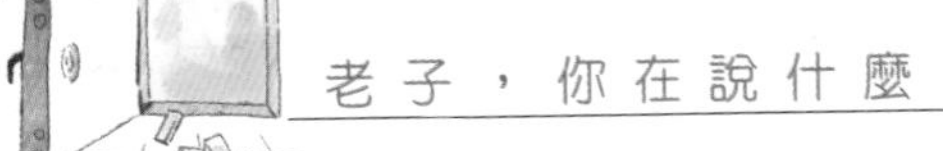

政治較量中，君主應該用虛靜的態度來對待一切，用靜靜觀察的態度來看待事件的變化，同時細查其間每一情節和人事的變化。以虛就能知道事物的真，以靜就能知道行為的正確與否。做下面的向上位者進言時就已表明了他自己的主張，所以，做下面的辦事時自然有一定的效果，上位者只要暗暗地驗證一下效果與主張是否符合，也就是說，上位者不需要做什麼，就能使下位者現出原形來。

在上位者尤其不能曝露自己的慾望，如果一曝露了自己的慾望，做下面的就會精心粉飾自己的言行；也不能表達自己的真實思想，做下面的一旦了解了君主的真實意圖，就懂得如何來偽裝自己。這樣在上位者如何來分辨誰忠、誰奸、誰好、誰壞。所以在上位者不能有任何的表現，要保持絕對的靜，深深地隱藏自己的喜好和厭惡之情，這樣，做下面的就沒有辦法偽裝來迎合上位，他們就會表現出本來的面目。在上位的隱藏起自己

的智慧和主見，做下面的就無法揣摩君主的意圖，也就無法投機。所以，在上位的宜靜不宜動，自己有智慧也不用拿出來，讓每一位做下面的找到自己的適當位置；自己有能力也不表現出來，以便能好好地觀察做下面的言行；自己有勇，也不逞威風，使下位者有機會表現出各自的勇敢。在上位者不用自己的智慧就表現出明智，不用自己的才能就有功績，不表現個人的勇敢國家就能強大。平時，在上位者總是靜悄悄的，好像自己沒有處在上位的樣子，做下面的也就摸不清上位者在何方。此時，英明的上位者在上清靜無為，下面的誠惶誠恐，努力辦事。

君主在上寂靜，群臣在下效力，有了成績功勞歸君主，有了錯誤罪過在臣下。君主在上面以清靜無為的態度，暗暗觀察臣下的功過。在上位者處在「靜」的情況下，容易掩蓋自己的形跡，隱藏自己的念頭，使做下面的對自己捉摸不定；也才能使做下面的真實思想、實際才幹暴露無遺。這就是在上位者的法寶——靜。

生活智慧

世界上的「有」（萬事萬物）來源於「無」，其源頭是「虛靜」，透過發生、發展，又回到原來的「靜」，這就像一粒小麥，通過發芽、生長、成熟，又回到原來小麥「靜」的形態。

展現眞實的一面

我們看到正人君子的外表文質彬彬，他們的衣服有一定的樣式和顏色，語言總有一定的分寸，舉手投足溫文爾雅，面部總裝著一種固定的表情，他們用一層層的面具把自己的真實面目遮掩起來。這種人不僅虛偽無聊，同時也毫無趣味。我們引以為傲的文明如果是這樣就太可怕了。

我們都是在一條生產線上所生產出來的機器，製造規格一樣，說相同的話，想相同的問題，千人一面，萬眾一心，這樣的人類有多可怕呀！如果真是這樣，那麼我們的文明將把人類的本能和創造力扼殺殆盡。

魏晉許多文人厭惡這種一本正經的君子模樣，要求拋棄一切壓抑人性的禮節，讓每一個人都能真實地表現自我。高興時，就放聲大笑，痛苦時就嚎啕大哭，為了反抗禮法，嘲弄傳統，他們的行為的確驚世駭俗。

阮籍鄰居的一個少婦美艷驚人，是一家酒館的女管家，常在酒壚旁賣酒。阮籍與他的朋友王安豐一有空就上她那兒飲酒，喝醉了就睡在少婦身邊。少婦的丈夫開始懷疑阮籍有什麼邪念，仔細觀察一段時間後，見阮籍並沒有惡意，也就放心了。阮籍村裡有一位才貌雙全的姑娘，可惜還沒出嫁就死了，他與她既不是親房又沒有交往，但覺得心裡很難過，就到她家去痛哭一場才離開。

經常與阮籍一塊縱酒的劉伶，常常喝得酩酊大醉。有一天家中酒喝光了，他想酒簡直想瘋了，纏著他的妻子不放，要她去酒店為她沽酒，妻子把酒瓶摔在地下說：「你飲得太多了，這不是自己糟蹋自己嗎？從今天起，你非斷酒不可！」劉伶說：「太好了！我自己沒有毅力禁酒，只有求神保佑我能斷掉。現在快去辦酒肉來。」妻子聽了非常高興，連忙去買酒買肉供在神前請劉伶發誓，劉伶跪下來發誓說：「我劉伶天生以酒為命，一次飲一斗，五斗才清醒，婦人之言，千萬別聽！」說完將供在神前的酒肉喝光吃盡。他飲酒時還脫光自己的衣服，赤裸裸地在廳堂上自酌自飲。人們見後譏笑他。他回答說：「我以天地為房屋，以房屋為衣褲，你們幹麼跑到我的褲子中來呢？」

生活智慧

魏晉人用裸體飲酒這種狂放的行為，來使自己在世人面前袒露自己的真實面目，他們用赤裸裸的身體來嘲諷文人雅士虛假蒼白的面孔。而現在的我們，又有誰能以真正的自己，毫無掩飾地面對外界？而我們所謂的正人君子，又是什麼樣的人呢？我們可曾去探究？

長保赤子之心

民族的發展也像個人的發育一樣，分幼年、青年、中年和老年。當然，全人類的發展也有著類似的情況。一個人在幼年的時候十分純真，高興就大笑，不高興就大哭，愛就表示出親熱，恨就流露出厭惡，自己的天性沒有受到任何扭曲、壓抑和摧殘，一舉一動沒有半點虛偽做作，從內心到外表都透明澄澈。

嬰兒看起來是那樣的柔弱，但生命力卻很旺盛。《莊子》有一則描寫嬰兒的段落：「嬰兒每天長時間的大哭大叫，而咽喉不會沙啞，那是由於柔和之氣已到極點的緣故；嬰兒整天緊握著小拳頭，而手卻不會疲倦，那是因為合於自然的緣故；嬰兒可以長時間目不轉睛地注視某件東西，而他盯著時卻毫無意識，他的思想和情感仍然天真無邪，對所見的東西沒有任何貪婪佔有的慾望；嬰兒走路沒有明確的目的，在家裡也不知該做什麼，他的一切行為都順應事物的自然變化，不摻雜一點人為的干預。等到長大成人以後，見慣了世事的不公，經歷了人事的打擊，成熟了，也世故了。失去了早年的幼稚，也失去了天真。」

有一次我們一家三口去朋友家吃飯，我的朋友一家人熱情好客，為我們著實辦了一桌菜餚，可惜我那位朋友和他的先生都不善於烹調，菜的種類

雖多，有味道的卻太少。

我朋友十分歉意地說：「你們隨便吃。我老公呀是個道地的書呆子，我自己也笨手笨腳，兩個人都不會弄菜，你們千萬別餓著肚子。」

朋友說的倒是實話，滿桌的菜不僅沒有什麼味道，有些菜不是太生就是太熟，而且不少應趁熱吃的卻成了涼菜。每道菜不覺得可口，也就不知道如何下筷子。雖然如此，但我朋友仍在一個勁地喊吃，還把蒸得半生不熟的魚夾在我們面前：「別客氣，別放筷子，是我的菜不可口吧？」

我先生擺出一副非常真誠的樣子說：「妳做的菜很合我們的口味，爆豬肝我們也喜歡爆老一點，蒸魚我們家也是剛蒸熟就吃。今天的菜我吃得最多，再填也填不進去了。」

其實，他並沒有動筷子。我朋友又把魚肉夾在我兒子的碗裡，兒子馬上把魚肉倒回原處，說：「這些東西不好吃，一點味道也沒有。」

我朋友滿臉通紅。

我連忙解釋說：「小孩子嬌慣壞了，什麼東西都說不好吃。」還隨口瞎編了一些例子，一邊又批評孩子的嘴太嬌。

兒子雖然給朋友帶來了難堪，但他是怎麼想就怎麼說的，完全依自己的天性行事，從外表到內心都是透亮。我先生雖然顧

全了朋友家的面子，但卻是經由說謊來達到的。

當今人們的交往中，敷衍和說謊成了主要手段，而且成了某種涵養的標誌。試想當時我先生要是說：「這些菜一點也不好吃。」我、朋友全家都不會誇獎他為人真誠，一定會認為他精神出了毛病；而他所說的「這些菜味道都不錯」，誰都知道是敷衍和說謊，但大都覺得這樣理所當然。這就是我們文明的一個重大特點：說真話的被認為幼稚或傻子，而所謂修養就是把自己真實的一面隱瞞起來的技倆。

於是，虛偽可以招搖過市，直率反而畏畏縮縮地不敢出門。人與人之間沒有真誠，缺乏理解，因而人與人之間也不能有同情，彼此都禮貌周全地欺騙，大家都溫文爾雅地敷衍。

假如我們都能像赤子一樣地真誠，人們的理解和溝通將多麼容易！猜忌、冷漠、暗算和詭詐就找不到市場。

假如我們都能像赤子一樣直率，虛偽和造作就會感到臉紅了。

生活智慧

赤子的一切行為都順應事物的自然變化，不摻雜一點人為的干預。讓我們學學赤子吧！讓真誠、直率的行為不但溫暖自己，也溫暖別人。讓猜忌、冷漠、暗算、詭詐、虛偽、造作躲在陰暗的角落，永遠抬不起頭。

不用人爲的事去毀滅自然

老子說：「道大，天大，地大，人也大。宇宙間有四大，而人是四大之一。人取法地，地取法天，天取法道，道純任自然。

不管是人、治國、用兵、養生，還是審美，在每一個領域老子都崇尚自然。自然生成的東西真而且美，一經人手就變得造作而又醜陋。隨著人類的發展和文明的推進，人為的東西越來越多，自然的東西就越來越少。即使是大自然也經過了人工的雕琢，至於人自身就更是如此了。我們從一個人的表情不能了解他的內心，從一個人的語言不能了解他的思想；笑不見得就高興，哭也未必就真的悲傷；到處是言不由衷的應付敷衍，人間難得是真情。老子說，要想人類能生活得幸福，彼此能夠真誠相處，大家就應該重新回到嬰兒的狀態——單純、自然。

自然指的是什麼東西呢？什麼樣的狀態下能稱之為自然

呢？

自然就是自然而然，也就是平常所說的天然，指萬事萬物沒有人為因素的狀態，也就是說自然與人為造作相對。

河神和我們一樣分不清什麼是自然，什麼是人為，一天他跑去問北海神：「請問什麼是自然？什麼是人為？」

北海神打一比方說：「牛馬生下來就有四隻腳，這就叫自然。用轡頭套在馬頭上，用韁繩穿過馬鼻孔，又在馬腳底釘上鐵蹄，這就叫人為。不要用人為的事毀滅自然，不要用矯揉造作毀滅天性，不要因貪得求名聲，謹慎地守護著自然之道，這就叫回歸到本來的天性。」

現代文明使人樣樣都推崇人為，樣樣都用人工代替天然。我們人為地殺死這一類動物，又哺育出另一類動物，把湖泊改為農田，把森林砍成光山禿嶺，把自然的生態平衡破壞掉，這一點我們已得到了大自然的報復。就是人自己也不願意接受自然的安排，譬如，老天爺已經造就了一張臉，許多人卻偏要替自己另造一張臉。也因此不知製造了多少的人間悲劇。

落實到人類自身，「自然」就

是指人的天然本性，也就是人的真性情、真思想，所以「自然」又與虛偽相對。在老莊那裡「真」與「自然」是一個意思——真的也就是自然的，自然的同樣也是真的。自然是一個人性情真誠的極至。

不管是誰，如果你不真誠就不能動人，勉強做出來的哭泣，看起來的悲痛卻不能使人哀傷；佯裝火冒三丈的大怒，雖然樣子嚇人卻不能使人害怕；假裝和別人親近，雖然笑容可掬，但卻不能使人覺得可親。真誠的悲痛，即使沒有哭聲也讓人悲傷憐憫；真正的憤怒，即使不發火，也能使人覺得威嚴畏懼；真心的相愛，哪怕沒有笑容，也能使人覺得和悅可親。

真性情存在於內心，神采便洋溢在臉上，這就是自然。將自然的天性用於人事，遇到快樂的事就會引吭高歌，遇到不快樂的事就會低頭哭泣，侍奉父母就會孝順，對待自己的國家就會忠誠。

生活智慧

現在的人，我們不能從他們的表情中了解他的內心，從他們的語言裡了解他們的思想；事實上，隨著人類的發展和文明的推進，人為的東西越來越多，自然的東西越來越少，我們再也不知道到哪裡去找「自然」了。自然就是自然而然，也就是天然，我們不是不懂，也不是找不到，我們只是把它當作垃圾一樣給扔棄了。

能戰勝自己的人，才能算強者

認識自我不是目的，認識自我是為了超越自我。

老子與我們對人生世事的看法常常相反。「強」這個字眼一般是送給那些在激烈競爭中的勝利者，例如，拳王、擊劍能手、摔跤大王，被大家捧為「強者」的人。老子的看法是：「能夠戰勝別人的只能叫有力，而能夠戰勝自己的才算強者。」

依照老子的看法，上面那些金牌得主只能說是「有力」，而「強者」這頂桂冠只能戴在那些戰勝了自己的人頭上。

這樣說來，我先生就不是個強者。高中時他養成了抽菸的惡習，現在一天到晚都在吞雲吐霧。我在懷孕的時候，醫生就警告我先生：要少抽或者完全不在家中抽菸，他明白抽煙不僅害了我們，更會害了將要出生的後代，這才下定決心戒絕這種習慣。

禁菸的頭幾天還算忍的住，一想抽菸他就去吃糖果，可是幾天後他實在憋得慌了，便去買了包菸在鼻孔邊嗅，菸癮一來口水和淚水一齊流，他說實在沒辦法，就偷偷跑到外面去點一支菸，抽它幾口。這一開禁不可收拾，他又開始吞雲吐霧了。我反對他抽菸的態度也很強硬，要他在我和煙二者之間擇一，但依然沒有辦法。從結婚到

現在他戒過六次菸，現在他又打算再戒一次。

古人說：「破山中賊易，破心中賊難」，實在有道理。每個人都有自己不健康的情感，不良的生活習慣，甚至一些見不得人的慾望。如果成了這些情感、慾望、習慣的俘虜，我們就會變得放蕩、荒淫、自私、貪婪、怯懦、粗野，那樣，什麼壞事和醜事都做得出來，我們就成了披著人皮的野獸，任何一件有價值的工作也辦不好。因為成就一番事業，首先就得「破心中賊」，要破心中賊，就得有克制自己的能力。

就學習彈琴來說吧。從鋼琴上彈奏出來的樂調實在妙不可言，但學習彈鋼琴的過程卻枯燥無味。有一個音樂家特地寫了一首鋼琴曲，

表現練習鋼琴的單調無聊。在琴上練習各個指頭的力量，翻來覆去彈奏同一支樂曲，許多人都忍受不了這種單調的動作，最後半途中止了練習。沒有自我克制的能力，絕對成不了鋼琴演奏家。

跳水的情形也一樣。我們觀看運動員在跳台上跳水的姿勢優美極了，但跳水運動員練習跳水卻單調極了。要想成為跳水名將，就得忍受單調重複的練習動作。

巴賽隆那的奧運會上，有一個跳水冠軍接受了一名美國記者的採訪。記者問他說：「你很喜歡跳水運動吧？」他回答叫人大吃一驚：「不，我最討厭跳水，平時我每天在水中泡七個小時，我現在一見到水就煩，但為了事業我又不得不去跳水池，我仍堅持每天泡七個小時。」

這實在是道盡了成人不自在，自在不成人的道理。成人立業沒有不斷地「破心中賊」的意志實在不成！

生活智慧

認識自我不是目的，認識自我的目的是為了超越自我。古人說：「破山中賊易，破心中賊難」，破心中賊就是超越自我。我們每一個人都有一些不健康的情感，不良的生活習慣，甚至一些不為人道的慾望，這些都是心中的賊。讓我們學習克制自己的能力，以便破賊立業，成為自在的人。

眞正的有志是堅持到底

「強行」就是勉勵自己堅持把一件事做到底的能力。我們都曾有志向，有的人想當航海家，有的人想當數學家，有的人想當農技師……但能將早年願望付諸實現者寥寥無幾。有的是由於客觀環境不允許，有的是由於主觀期望過高，但大部分人是因為沒有堅持作到底的毅力，最後壯志成空。老子認為：「只有那些堅持不懈地追求下去的人，才稱得上有志。」

「櫻桃好吃，樹難栽」，要想把任何事情做好，都會遇到阻力和困難。不管前面會有什麼艱難險阻，認定目標就要走下去。每一個在事業上有成就的人，都經歷過挫折和失敗。在失敗的時候不要氣餒，要有面對困難和失敗的勇氣，同時又積極尋求克服困難的辦法，避免下次犯同樣的錯誤。

對事業的執著是堅持下去的內在動力。孔子在春秋末期想「克己復禮」，他的主張一開始就不受歡迎，諸侯們忙著爭權奪利，小民們忙著自己的一日三餐，誰還會對他所說的「周禮」感興趣呢？大王公卿根本不知道「克己」為何物，老百姓不得不

當牛做馬，「克己」對上層和下層都毫無意義。這位老夫子在自己的魯國兩次被驅逐出境，在衛國受到不准入境的恥辱，在陳國和蔡國遭受圍攻，在商周餓得東倒西歪。他當然明白自己的理想不合潮流，但仍然堅持四處遊說。他的座右銘是：「知其不可而為之」，明明知道不能成功，但還是要堅持下去。孔子想復辟周禮雖然有些迂腐，但他的思想後來成了中華民族文化的代表，也同時與老莊思想塑造了中華民族的品格。

英國的偉大詩人彌爾頓，他最傑出的詩作是在雙眼失明以後完成的；德國的偉大音樂家貝多芬，他最傑出的樂章也是在聽力完全喪失以後創作出來的。能至死不渝地追求下去，不向困難和命運低頭，一定能使美夢成真。立志不易，強行難。

生活智慧

「櫻桃好吃，樹難栽」，要想把任何事情做好，都會遇到阻力和困難。不管前面會有什麼艱難險阻，認定目標走下去。如果能夠至死不渝地走下去，一定能讓你美夢成真。要知道「立志不易，強行更難」，只要你堅持到底，強行下去，一定會有所成的。讓我們時時砥礪自己，不要向困難和命運低頭吧！

小事糊塗大事聰明

呂端是北宋的一代名臣，也是中國歷史上很有個性的宰相。

他是一個天生的樂天派，見人就喜歡開個玩笑，同時為人寬和厚道，從來不搞別人的「小動作」，別人搞了他的「小動作」，他有時也全然沒有察覺到，即使察覺到了，也全然不把它放在心上。人家不管做了什麼對不起他的事，他好像也從來沒有裝進腦子裡。他那張寬大的臉龐上，一天到晚都掛著笑容。

他在宋太祖的時候曾多次被貶官，從中央退到地方，又從地方升到中央，幾經反覆，不論官職是升是降，他的情緒從來不受影響。

在被太祖拜為宰相之前，他也有幾次做過相當於今天「部會首長」的職務。他從來就沒有一點「部會首長」的派頭，他喜歡和自己談得來的人聊天。一見人家的生活有困難，就掏自己的腰包替人解困。他很少過問家事，更不會為兒女們開後門找好工作。史書上記載他當了幾十年的官，家中竟完全沒有什麼積蓄，他一死，一大群兒女的生活就很困難，為了結婚和出嫁，把房子典賣出去。宋真宗聽說後，才從國庫裡撥出五百萬把房子贖回來。

他和寇準同拜參知政事，主動要求把自己的名字排在寇準之下。

他既不會鑽營，又不會搞「小

動作」，也不會開後門，整天總是樂呵呵的個性，於是，許多人都暗暗地議論說：「呂端糊塗。」

當時呂蒙正做宰相，太宗想改拜呂端為相，消息一傳出去，輿論譁然，不少朝官對太宗說：「呂端這樣的糊塗蟲怎麼能擔當宰相這樣的重任呢？」太宗說：「呂端小事糊塗，大事不糊塗。」決心拜他為相。

拜相不久，叛將李繼遷騷擾西北邊境，保安軍抓到了李繼遷的母親。太宗與寇準商定，準備將她在保安軍北門外斬首示眾，以警告叛逆。呂端聽說後馬上找太宗說：「斬了他母親，叛軍繼遷就能捉到嗎？如果捉不到，這樣做更堅定了他的叛心。不如先供養她，我們就掌握了主動。」太宗聽後拍了一下大腿說：「要不是你，我險些誤了大事。」後來，果如呂端所料，李繼遷不敢再放肆了。

太宗死後，宦官王繼恩害怕當時的皇太子過於英明，暗暗與參知政事李昌齡等勾結，在李皇后的授意下，陰謀另立太子。

李皇后派王繼恩召請呂端，他非常敏銳地察覺到了這場宮廷政變，因而先發制人，把王繼恩穩住，然後再去見李皇后。李皇后說：「立嗣立長

子才順理成章（後來的真宗不是長子），你認為應該怎麼辦？」呂端這次可沒有笑呵呵的，他嚴肅剛正地說：「先帝立太子就是為了今天，他剛離世就要違命另立太子嗎？」

於是，奉太子到福寧庭中。

真宗被立為皇帝，垂簾接見群臣，呂端這次可沒有糊塗跪拜，他平立殿下不拜，請把簾捲起來後，看清了是原先的太子，然後才率群臣拜呼萬歲。

可見，呂端不是那種耍小聰明搞小動作的小人，是一位大事不糊塗，能成大器的君子。他就像老子所說的那樣：「大巧若拙」。

生活智慧

既不會鑽營，又不會搞小動作的糊塗人，事實上，任何事情了然於心，不斤斤計較而已。像呂端這樣「小事糊塗，大事不糊塗」的人，才是真正的聰明人。

便利是使人性消極的惡果

老子說：「即使有各種器具，也不使用它；即使有船和車，出門仍用雙腳走路；即使有語言文字，還是要用結繩記事。要使大家吃得香甜，穿得漂亮，住得舒適，過得習慣，就要重新回到那種不用文字，不用智巧，無欺無詐，無爭無鬥，無憂無慮的黃金時代。」

從這段文字中，我們可以看到老子表面上好像厭惡文明、智慧和科學，也好像常常在指責知識和學問，對文明的成果也好像不屑一顧。但幸好他自己沒有全照上面說的去做，相反地卻用文字把上面的話記了下來。有些人可能十分困惑，老子這樣偉大的智者怎麼可能痛恨智慧與學問？代表當時最文明的人怎麼可能會咒罵文明？難道坐車、坐船不比步行更方便、更快速？難道文字相對於結繩不是一種巨大的進步？

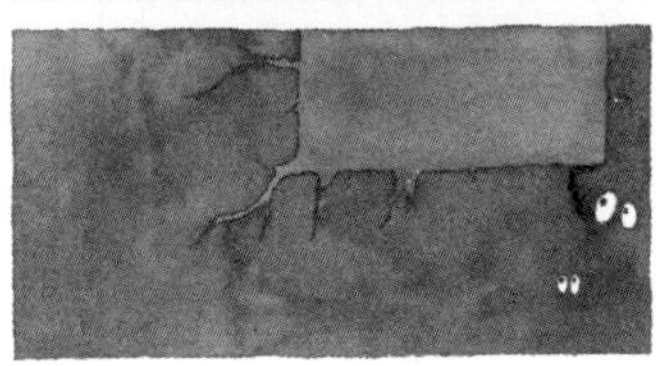

我們可以這樣說，正因為老子的智慧過人，他才成為中國歷史上第一個智慧和文明的詛咒者。

文明的出現代表著人類古老道德高峰的消失。奴隸社會取代了原始社會，壓迫取代了平等，專制取代了自由，奸詐取代了誠實，險惡取代了善良，人與人之間的猜忌暗算取代了過去的和睦友愛。老子一針見血地指出：

大道被廢棄，才有所謂的「仁義」；
聰明智巧出現了，才有可怕的虛僞；
家庭陷入了糾紛，才有所謂的孝慈；
國家陷入了昏亂，才有所謂的忠臣。

既然聰明、機巧和智慧只能帶給人類虛偽、欺詐和爭鬥，那我們還要這些害人的東西做什麼？所以，接下來老子提出了這樣的主張：「拋棄聰明和智慧，人民才有百倍的利益；拋棄了『仁』和『義』，人民自然會尊老撫幼；拋棄了機巧和財利，盜賊自然就會消失。」

學會機巧，也就知道欺騙，有了智慧，也就懂得虛偽，有華貴的衣服，自然講究虛榮，有了錢財貨物，佔有慾也更強大。所有這些都是社會紛爭和個人煩惱的根源。拋棄了聰明機巧，人們就外在單純，內心淳樸，沒有私心，沒有貪慾，大家又會像兒童一樣地天真和幸福。

生活智慧

老子說：「聰明智巧出現了，才有可怕的虛偽；家庭陷入了糾紛，才有所謂的孝慈；國家陷入了昏亂，才有所謂的忠臣」。當別人陶醉於文明所帶來的進步時，老子卻敏銳地發現了這種進步所伴隨的消極影響。

一般人只看到文明所帶來的便利，他卻看到了文明所結下的苦果。

看見別人的瘡疤，看不到自己的缺點

老子說：「能認識自己的才算高明，能克制自己的才算是剛強。知道滿足就是富有，能堅持才算有志。不失去根基的就能長久，身死而不被人遺忘才算是真正的長壽。」古希臘也有近似的名言：「認識你自己。」認識自我是人類永遠也不會完成的任務，直到今天，人們還一再強調「人貴有自知之明」。

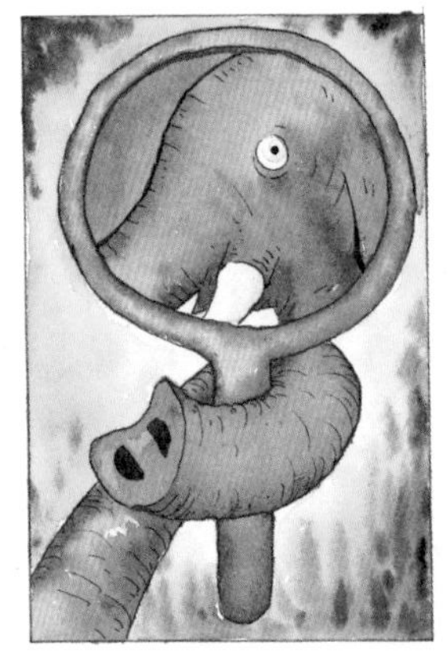

我自己怎麼不可能了解自己，這不是笑話嗎？「如人飲水，冷暖自知」。問題絕不是那麼簡單。僅就才能這一項來說，許多庸人卻以天才自居，狂妄自大，不安於平凡的工作崗位；天才反而自輕自賤，悲觀畏

縮，壓抑和埋沒了自己潛在的優勢。有些傑出的天才甚至長期被自卑所困擾。俄羅斯大文豪屠格涅夫，在出版《獵人筆記》之前，一直懷疑自己的文學才華，幾次準備放棄文學創作。奧地利哲學家維根斯坦，寫出了令人驚歎的不朽之作《邏輯哲學導論》後，仍然覺得自己缺乏哲學才能，一天半夜他去敲羅素的房門，失望地問這位英國的大哲學家說：「我是不是白痴？我能不能從事哲學事業？」有許多科學研究到了關鍵時刻，因科研者對自己的才能缺乏自信，導致半途而廢。

當然，人們更多的是被自傲所害，我們往往高看了自己的長處。如今這個世界上，很少有人滿足自己的地位和財富，但很少人不滿意自己的才能。

還有，我們總是一眼就能看到別人臉上的瘡疤，但很難注意自己臉上的斑點。戰國時期，楚莊王準備出兵攻打越國，杜子進諫說：「聽說大王準備攻打越國，這有什麼特別的原因嗎？」

莊王回答說：「因為現在越國的政治很腐敗，兵力也很弱。」

杜子說：「也許是我自己太愚蠢了，我真為你攻打越國的事放心不下。智慧就像人的眼睛一樣，能清楚地看見百步之外的東西，反而看不見自己的眼睫毛。大王的軍隊前不久被秦國和晉國打得慘敗，喪失國土幾百里，這不是已經表明我們的兵力也不強嗎？國內到處是百姓造反，貪官污吏多如牛毛，大王多次想辦廉政建設就是不能實行，我們楚國的政治腐敗混亂，至少和越國不相上下。不清楚自己的兵弱，倒想著發兵去攻打越國，這樣的智慧正如眼睛一樣，看不見自己的睫毛呀！」

楚莊王經杜子這麼一說，才意識到問題的嚴重性，立即打消攻打越國的念頭。

生活智慧

在這個世界上的人們很少有人滿足自己的地位和財富，但更少有人不滿意自己的才能。同樣的，在這個世界上的人們總是一眼就能看到別人臉上的瘡疤，但很難注意自己臉上的斑點。所以老子認為能認識別人的人只是機智，而能認識自己的人才算高明。

水往下流、人往上爬

比起人來，世間的靈物也都只能算是笨拙的了。即使最靈巧的動物，也只能有些從他祖先那裡繼承來的本能技巧，一變應一變而已。它們既不會像人那樣見風使舵，也不會像人們那樣花言巧語，更不會像人那樣陽奉陰違，但他們也不會像人那樣經常喪失自己的本性，他們一直都是老老實實地按自己的本性生活。

譬如水的本性是往下流，它從不違反本性由下往上走。它從不慷慨激昂地表態，也不誇誕其談地寫決心書，事情還沒有開始就聲稱要奪取最後的勝利。它認定了目標後，就一個勁地往前奔，任何障礙也阻擋不了它。石頭擋住了去路，它就繞道而行；大壩擋住了去路，前面的水就自動的作自我犧牲將大壩灌滿，然後讓後來者從壩上或壩側流向前去。在奔向目標的過程中，水從來不相互嫉妒，相互排擠，相互傾軋，而是相互團結、相互包容、相互激勵，由小溪流入小河，由小河流入大河，由大河匯入大江，最後實現自己奮鬥的目標——投入大海的懷抱。

水不像人有那麼多的小

聰明，不會玩弄花招，不會投機鑽營，但它總是達到了自己的目的，不為而成。人當然比水聰明得多了，為了得到自己夢寐以求的異性，會甜言蜜語的大獻殷勤；為了得到高官厚祿，會出賣人格去吹牛拍馬屁，看到同伴在事業上飛黃騰達，就會四處造謠中傷；為了實現高壽的願望，不惜用重價買補藥煉金丹。

可悲的是，人類幾乎沒有一個偉大的目標是圓滿實現的，不管是什麼理想或是什麼主義，要不就是這些理想或主義本身有問題，要不就是沒有實現這些理想或主義的意志和毅力，他們的結局多半是付諸東流。主張和平的卻挑起了戰爭，提倡博愛的卻落得憎恨，追求幸福的卻得到苦惱，想上天堂的卻掉入陷阱……。

人似智而實愚，水似愚而實智，因為人喜歡違反自然而玩弄小聰明，而水遵循本性而拋棄智巧。

生活智慧

水往下流，它從不違反本性逆流而上。水認定了目標以後，就一個勁地往前奔，在奔向目標的過程中，水從來不相互嫉妒，相互排擠，相互傾軋，由小溪流入小河，由小河流入大河，由大河匯入大江，最後投入大海的懷抱。水遵循本性，人呢？

先給你吃甜頭的人

「欲廢先興」的意思，就是說「如果你想要廢掉它，就必須先讓它興盛起來」，這在歷史上，有許多的政治家就是運用這種方法幹掉對手的。

戰國時鄭武公的夫人武姜先後生了兩個兒子：莊公和共叔段。據說莊公出生時是倒著從娘胎裡出來的，這把鄭國的第一夫人嚇得昏了過去，所以就給兒子取名為「寤生」（倒著出生）。由於兒子的出生險些要了她的命，因而她打心眼裡就討厭這個兒子，處處都看他不順眼。所以，情感上不知不覺偏愛小兒子，想立他為王位的繼承人。她多次在枕邊向丈夫撒嬌進言，但鄭武公可不像妻子那樣感情用事，一直沒有答應她的要求。

等到大兒子莊公登上王位以後，她就跑去為小兒子說情，要他把制這個地方封給共叔段。莊公對他母親說：「制這個地方太危險，當年國叔就在那兒送了命，我怎麼忍心把自己的親弟弟往虎口裡推呢？其他任何地方謹從母命。」她又要求把小兒子封在京這個地方，莊公應允了，於是，人們就稱共叔段為「京城太叔」。

莊公的這位小弟去了封地以後，仗著母勢，完全不按先王的法制建築自己封地治所的城牆。鄭國大夫祭仲去找莊公說：「封地的城

超過了三百丈，就會危及國家的安全和統一，大城的城牆不得超過國都的三分之一，中等的不得超過五分之一，小的不得超過九分之一，這是先王定下來的制度。眼下京城太叔的城牆超過了國都，違反了先王的制度，您作為君王怎麼會吞下這口氣？」莊公無可奈何地說：「姓姜的老婆子要這樣，我有什麼辦法呢？」祭仲說：「姓姜的什麼時候知道滿足呢？不如早早定主意，不要放任這種現象惡性發展。再這樣下去就難辦了。亂長的野草尚且不好除盡，何況國君寵愛的弟弟呢？」莊公說：「壞事做多了，必然自取滅亡，你們先等等看吧。」

接著，太叔讓西北原不屬他自己封地的地段同時屬於自己。鄭國大夫公子呂對莊公說：「國家不能承受這種二屬的局面，敢問您將如何處置他？如果想把國家讓給您的弟弟，我請求去侍奉京城太叔，如果不想把國家讓給他，就乾脆把他除掉，不要讓百姓因有兩個政權而生二心。」莊公笑笑說：「用不著這樣，他會自取滅亡的。」

京城太叔得寸進尺，胃口越來越大，很快就把原來偷佔的地方公開宣布是自己的，又把自己封地的邊界擴大到了廩延這個地方。子封見此十分擔心地說：「現在是京城太叔一統天下的時候了，他的地盤越來越大，將要擁有的臣民越來越多，這樣就越來越難制服。」莊公冷靜地說：「老弟對君不義，對兄不親，土地再廣大，人民也不會依附他，他會像沙兵那樣頃刻崩潰。」

太叔修築城郭，訓練士兵，製造戰車，準備突襲鄭莊公，莊公的母親姜氏作小兒子的內應。莊公刺探到他弟弟偷襲的時間後說：「現在是幹掉他的時候了。」命令子封率領二百乘戰車討伐太叔的封地，太叔的百姓都背叛了他，他狼狽地逃到鄢這個地方，莊公又派兵尾追到鄢，他又逃竄到共。

莊公早就想幹掉野心勃勃的弟弟，但他並不在弟弟野心還未曝露時動手，因為這樣做會遭到道義上的譴責，而且也不好向他那偏袒弟弟的母親交代。他採取的辦法是姑息養奸，先盡量滿足弟弟的貪欲，縱容他的一切不義行為，讓弟弟和母親不仁不義的野心全都暴露在世人面前之後，讓他們失去道義和人民的支持，從而自取滅亡。這就是莊公「欲廢先興」最出色的運用。

生活智慧

「如果你想要廢掉它，就必須先讓它興盛起來」，莊公就是應用這個方法，幹掉他那野心勃勃的弟弟。這在歷史上，有許多的政治家就是運用這種方法幹掉對手的。

小兵立大功，蜘蛛也能打敗蛇

一隻蜘蛛正在牆壁間吐絲做蛛網，離地面約二三尺，一條大蛇從牠底下滑過，昂起頭想把蜘蛛吞掉，但勾了幾次都沒有勾著。過了好一會兒準備離開，蜘蛛突然從上空懸絲而下，好像要追趕蛇的樣子。這一下就把蛇給惹惱火了，牠又昂起頭想把蜘蛛吞掉，蜘蛛援絲很快向上爬。蛇多次努力都失敗了，這次又準備離開，蜘蛛又從上空懸絲而下，蛇再次停下來昂頭張口等蜘蛛送死，可是蜘蛛在蛛網裡要下來又不下來。像這樣連續重複了三四次，蛇一直昂頭張口，「守株待兔」，久而久之，疲憊不堪，牠的頭沉重地垂向了地下，蜘蛛趁其不備，風一般地飄下來死死地咬在蛇的頭上，蛇被咬得狂跳亂甩，直至斷氣。蜘蛛吸完了蛇的腦汁，脹著肚子滿意地離開了。

一開始，當蛇從蛛網下路過昂

頭想吞掉它時，蜘蛛呆在網中不下來，這是「躲過強大的敵人」。待蛇心灰意冷準備離開時，蜘蛛又懸絲而下，給蛇某種可以吃到的希望，這是「牽制敵人」和「引誘敵人」。連續重複三四次，讓蛇一直昂頭張口等著，這是「拖垮敵人」或「疲憊敵人」。蛇被糾纏得疲倦不堪以後，再迅速置蛇於死地，這也是「攻其不備，出其不意」。

生活智慧

蜘蛛先後用四種策略來對付蛇，即先「躲強敵」，再「引誘敵人」，再「拖垮敵人」，最後，再「攻其不備，出其不意」。多神的手法呀！蜘蛛的手法不僅暗合「以奇用兵」的原則，還創造了「以弱勝強」的光輝範例。

懂得知足才能快樂

唐代政治家柳宗元有一則寓言，名叫《蝜蝂傳》，說的是貪財害己的道理。

蝜蝂是一種善於背東西的小蟲。它爬行時遇到東西就拾取進來，仰起頭背著走，不管壓得多麼難受，牠總不停地朝背上加東西。如此這般，直到壓得牠倒地爬不起來。人們見到這種情況，出於同情，幫牠扔掉背上的東西。但牠只要能爬起來走路，就又開始往背上加東西。牠使盡了全身力氣不停的向前走，向高處爬，最後在高處疲累落地而死。

柳宗元所諷刺的那種人現在仍然很多。他們瘋狂地累積財富，無論囤積多少都不知足，他們因財惹禍，被搶劫，被偷盜，但還是不能接受教訓。只要一息尚存，照撈不誤。他們的模樣也許高大魁梧、瀟灑風流，但才智和貪婪與蝜蝂相差無幾。

生活智慧

蝜蝂是一種善於背東西的小蟲，只要有東西，就往背上裝，直到東西壓得牠倒地不起，力竭而死。蝜蝂的愚癡，正警告著人類，不要瘋狂地累積財富，無論是囤積了多少都不滿足，一直到死還不停歇。

錢財使人喪志

唐代中葉德宗時有位名叫王鍔的宰相，原本是個赳赳武夫，憑著血氣之勇，打了幾次勝仗，最後一步步的位極人臣。

此公生性吝嗇貪鄙，凡是他經手的工程建設，哪怕瑣碎小事也要事必躬親。不過，這完全不是出於對工作的謹慎負責，而是怕肥水落入外人田。每次公家設宴請客的剩菜剩飯，他不是全部自己帶回家，就是當下賣掉，反正不會白白便宜了手下的人。

他地位那麼高而天性又那麼貪，可以想像他富甲天下的情況了。作為一個人，他有權有錢，唯一缺乏的就是品德和道義。跟隨他多年的一位舊友，看到他這樣富貴還見錢忘命，便善意而又委婉地對他說：「相爺要把身外之物看淡一點，對於金錢要有聚有散，好讓社會上知道相爺重義不重財。」

過了幾天，那位舊友又去見王鍔，王鍔十分誠懇地對他說：「前天你的勸告太及時了，我已按你的

意思把錢財散了。」

客人聽了以後很是高興，急切地想了解他散財的詳細情況。王鍔說：「我的每個兒子各人分得萬貫，我的每個女婿各人分得千貫。」聽到王鍔的回答，那位老友兩眼睜得又大又圓，心裡暗暗地說：「原來如此！」

漢代官至太傅的疏廣，年老主動要求退休，皇帝和太子共賜金七十斤。他回到家鄉用這些錢與鄉親共享歡樂。不少人勸他用錢為子孫多置些田產家業，疏廣說：「別以為我老糊塗，連子孫也不知顧惜，我還沒有老到這種程度。我有一些舊田舊屋，子孫們勤勞地耕種，衣食不會犯愁，過一般平民的生活不成問題。如果我留給他們的家業太多了，反而養成了他們不想自食其力的懶惰。」

生活智慧

世界上最壞的事就是錢財，聰明的人錢財多了，就失去了進取向上的鬥志；愚蠢的人錢財多了，就會做出更多的蠢事和壞事。

是貧不是病，是病要人命

原憲住在魯國一間很小的房子裡，茅草蓋的屋頂，蓬篙編的門，桑條做的門樞和門檻，破瓦罐子做的窗户，用粗布把一間房隔開，分為兩個小室。每逢下雨，上漏下濕，但他仍舊端端正正地坐著鼓弦而歌，一點也不在意。

有一天，子貢穿上紫紅色的長衫，外面又罩著一件白色披風，乘坐高車大馬去拜訪老同學原憲。進了原憲所住的村子，巷子裡容不下子貢的車馬，他只好下車走到原憲的家。

原憲聽說有過去的老同學來看他，趕忙跑到門口去迎接。子貢見原憲戴頂樺樹皮做的舊帽子，腳上破爛的草鞋沒有後跟，手上還拄著一枝木杖，便大叫起來：「我的天！你怎麼啦？原憲，你病了嗎？」

原憲回答說：「我哪有什麼病，你難道沒聽孔老師說過嗎？沒有錢財叫做貧，懂得人生的道理卻不去

實行才叫做病。我現在只是貧，不是病。」

子貢聽了這話，臉上紅一陣白一陣，原憲怕老同學過於難看，馬上又笑著解釋說：「我們過去情同手足，我的為人你還不知道？用言行去迎合世俗，結交朋黨以營私，求學為的是在人前炫耀，教人只為表現自己了不起，藉仁義之名掠奪財貨，把車馬裝飾得像宮殿，坐著到處向人炫耀——這些勾當你說我做得出來嗎？」

子貢來時多少有點志得意滿，想在老同學面前擺擺闊氣，沒想到原憲還像讀書時那樣純潔，對不義之財還是那樣鄙視，對以富驕人還是那樣厭惡，討了個沒趣，羞愧地掉頭走了。世界上的確還有比財富更值得追求的東西。

生活智慧

沒有錢財，叫做貧，懂得人生的道理，卻不去實行，叫做病。「安貧樂道」，貧不要緊。病了，可拖不得。

不要被名聲的號召力給騙了

人們常說：「人生在世，所圖的就是一個名。」名聲被人們誇大成為生命的最終目的。《漢語》中「聲價」這個詞大概就是由「聲譽」和「價值」集合而成的吧。把「聲」和「價」連在一起來用，真是既有趣也有理。一個人在社會上的聲譽與他個人的價值的確難分難解；名氣越大，地位就越高，許多名人靠名氣就能賺錢，名歌星一首歌就值幾十萬或幾百萬，普通人幾年甚至一輩子也賺不到。

多少的影、視、歌星、小說家和詩人，昨天還是聲價百倍的明星，今日就成了一文不值的賣唱者；前不久還是暢銷書作家，轉眼就成了製造文字垃

圾的寫字匠。知名度的高低儼然就是一個人價值的大小。於是，「名」好像就等於「命」。

古人也不比我們傻，他們早就發現了「名」的價值，《列子》中有這樣一段對話——楊朱到魯國旅遊，夜晚在一個姓孟的人家借宿。幾句寒喧客套就把主人與客人間的距離拉近了，很快地他們二人就侃侃而談。

姓孟的問楊朱說：「老老實實做人就行了，要名聲做什麼呢？」

揚朱回答說：「靠名聲來發財致富。」

「有些人已經夠富了，為什麼還要求名呢？」

「用名聲來謀求高貴的地位。」

姓孟的仍然不明白，他又問道：「有些人地位已經很顯貴了，為什麼還要汲汲求名呢？」

「為了死後能留名萬世。」

越說姓孟的越糊塗：「人都已經死了，還要名聲有什麼用呢？留不留名，棺中死屍聽得見嗎？」

「留名為了子孫後代。」

「啊！」

生活智慧

看來古今沒有什麼兩樣，名聲能為自己帶來財富和地位，也能造福後代子孫。名不但可以與錢聯姻，也可以與權結拜兄弟。說真的，名的價值就在於它的號召力和欺騙性呀！

從失敗中記取經驗

我們都知道只有在憂患困苦中磨練，才能在社會上站穩自己的腳跟，而過份的安逸和快樂只會把人引向死路。許多傑出人物的成功背後，不知有多少淚水、痛苦、艱辛和失敗。正因為失敗和艱難才使他們「傑出」起來。

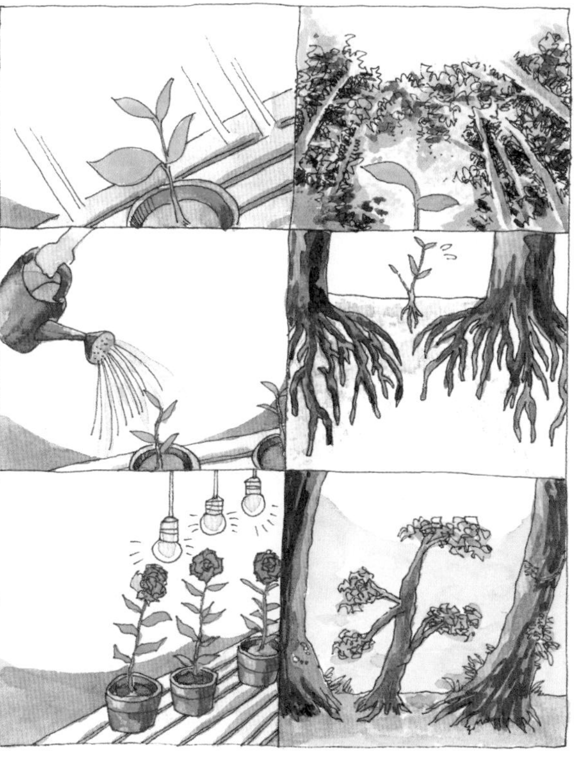

傳說堯為殷相之前，在傳險這個地方築牆，和我們現在的農田水利工地上的那些農民沒什麼兩樣。千百年來被傳頌的舜也不是什麼大家子弟，從小一直在家裡跟著父母種田放牛。殷朝的大臣膠鬲，從前曾經是個做魚鹽生意的小販子。管仲幫齊桓公成就一代霸業，但當初也不過是一

個窮小子，後來三次出來當官三次被罷免，幾次打仗也都吃敗仗，還因在政治上跟錯了主子，而被關進了鐵窗，最後才因為人才難得而時來運轉。楚國的宰相孫叔敖過去一直在北方的海邊捕魚，幾次險些給葬身大海。秦國的宰相百里奚從前吃的苦更多，很可能還是奴隸出身，他被賣給秦國的放羊人時，要價僅只五張羊皮。

孟子說，一個人想要成就一番大事業，精神上一定會先受許多的磨難，體力上也會受到許多的疲累和勞碌，在生活上也一定會有一頓沒一頓的過日子，總覺得遇事不順，好像不幸的事也總是纏著他，也只有這樣，他的精神才能

受到震動，他的意志才能逐漸堅韌，他的能力才能逐漸增強。一個人要常常犯了錯誤後才能避免錯誤，常常受盡折磨後才能避免不幸，常常失敗到最後才能成功，也因困苦才能激勵、奮發圖強。

現在的父母老是怕孩子受到打擊，遭到挫折，怕孩子受凍挨餓，恨不得把他們放在溫室裡長大就好。這樣愛孩子其實是毀了孩子。一個人的生活如果不經過像海洋風浪般的洗禮，意志必然薄弱，其生活的能力也必然低下。一個人如果在漫長的人生當中都是一帆風順，那才真正是最大的不幸。這種人即使不犯任何的錯誤也是枉活了一生，沒有吃過苦，怎麼能感受到甜呢？

所以說，人生的道路如果太平坦，其人就必定平庸；生活得太安逸，不是變得淺薄，就是走向墮落。讓我們生於憂患吧，不為別的，只為了將來在社會上能夠真正的站穩我們的腳跟。

生活智慧

我們都知道只有在憂患困苦中磨練，才能在社會上站穩自己的腳跟，而過份的安逸和快樂只會把人引向死路。許多傑出人物的成功背後，不知有多少淚水、痛苦、艱辛和失敗。正因為失敗和艱難才使他們「傑出」起來。

雞婆的人容易壞事

老子說：「治大國，若烹小鮮」。治理大國就要像烹小魚一樣，這是為什麼呢？治理大國與烹小魚又有什麼相似的地方呢？

如果工匠隨時隨興變換自己的職業，他的技術就不可能提高，如果從事勞動的人隨時隨興變換勞動的地方，那麼，他以前所做的勞動就一定前功盡棄。如果一個人一天浪費半天，一天就浪費了五個人的工作；如果一萬人每天浪費半天，那麼，十天就浪費了五萬人的工作。不斷變換工作的人越多，損失就越大。只要國家的法令變更了，利害情勢也跟著改變；利害情勢改變了，大眾從事的事情也就跟著變化；而所從事的事情有了變化，那麼，所從事的工作就會有變動。從一般的情況來看，領導者只要不斷擾動大眾，事情就一定不可能成功。這就像收藏貴重的器物，如果需要不斷地搬遷地方藏置，就多少會有損

安。但是，清靜無為又怎麼能把國家治理好呢？崔瞿曾就此請教老子：「不治理天下，怎麼能使人人向善呢？」

老子回答說：「小心別擾亂人心就是了。人心這個東西受到壓抑就消沉，受到一點激勵就高揚，在高揚和消沉之間，就有時而上天堂時而下地獄的感受。心志可以剛強，可以柔化。一個人在飽受挫折時，不是急躁得像烈火，就是憂傷得像寒冰。人心安穩時，深沉而寧靜，人心躍動時，浮躁而飛揚。世上最難對付的就是人心了。」

「從前黃帝

傷。這也就像烹小魚，如果烹小魚的時候，不斷翻動，那麼，翻得越勤，碎得就越厲害。治大國而朝令夕改，老百姓就會不堪其苦。對於大國來說，領導人應該清靜無為，保持政策和法令的連續性，一切政事和民事順其自然，讓人民安靜無擾，這樣國家就不會動盪不就用什麼『仁義』去擾亂人心，害得堯、舜東跑西趕，大腿上不長肉，小腿上不生毛的來供養天下的生靈，又想出了各種的花招來滿足天下人的慾望，愁心勞思地施行仁義，苦心費思地規定法度，結果還是不能討好人心，堯又把他的大臣一個個的流放，重新換一批人來治國，照樣不能把國家治好。此時，盜賊遍天下，奸臣滿朝廷，社會上儒墨各派相互爭論，僵持不下，人們相互猜忌，愚智相互嘲笑，好人壞人相互指責，天下的風氣一天比一天壞。這全都是妄自擾亂人心性的緣故。天下都崇尚權謀，百姓必然發生糾紛，如此這般就只得使用武力來制裁，用典章制度來約束，用刑罰來懲處。」

「治理大國清靜無擾，這就像去井中打水，千萬不要把整口井水都攪動，攪得越厲害，殘渣敗葉越多，水就越渾濁。只有不攪動，井水才會清潔。只有不動盪，社會才太平。」

生活智慧

烹小魚的時候，不斷翻動，那麼，翻得越勤，碎得就越厲害。治大國而朝令夕改，老百姓就會不堪其苦。老子「治大國，若烹小魚」的治國之道，不僅適用於古代，也適用於現代化的今天，它不僅適用於東方的文明古國，也適用於太平洋彼岸的國家。

領導者所管的是氣氛，不是紀律

「悶悶」和所謂的「苦悶」意思不同，它指的是一種寬鬆和諧的氣氛。「其政悶悶」是形容政治環境的寬鬆與和諧，它是老子所提倡的一種領導方法，也是他的政治理想。

如果領導者能夠以「無為」的方式領導屬下，並創造一個寬鬆和諧的工作環境，讓每一個工作的人在工作時心情愉快，且能彼此真誠相待，這樣的話，工作熱誠和工作效率都會提高。但不幸的是，有的領導者為了彰顯自己

的威風，刻意製造你鬥我、我整你的恐怖氣氛；有的領導者為了怕周圍的「兵」不知道自己的份量，總是心血來潮的定個條條，立個框框，深怕別人忘了他的精明能幹，同時，也藉此給人一種自己很會整治的印象，他哪裡知道背地裡誰要與他親近呢？他所領導的圈圈裡，不是你猜忌我，就是我猜忌你，人的心各奔東西，全扭不在一塊兒，如此這般，一千個人一千條心，你要上山，我要下海，事情怎麼會辦得成呢？

在一個團體裡，紀律和規章當然不能少，但只靠紀律和規章也不能解決一切可能發生的問題。

在西方國家的企業家們把條條框框稱之為管理上的「硬體」，把安撫員工思想和感情的方法和手段稱之為「軟體」。假如大家打心眼裡希望自己的部門業務蒸蒸日上，他們就會覺得這些紀律和規章是上樓時的欄杆、走路時的拐杖。他們自然會去遵守它、維護它。假如一個團體的成員，對所屬的團體沒有感情，對上面的領導者反感，又加上領導者好大喜功，此時，他們就會覺得這些紀律和規章是條條的鎖鏈、根根的繩索，是上面領導者所想出來整人的鬼把戲。他們覺得受到了束縛和牽制，對所處的環境有了對抗的情緒。在這樣的情況下，紀律和規章又有什麼用處呢？一紙空文罷了。

事實上，一個高明的領導者，並不需要時時「管」自己的部下，更不需要讓他的下屬覺得「有人在

盯」。相反地，他應該營造一個有共同目標可以奮鬥、團結的氛圍，讓處在裡面的人沒有意識到自己的存在，除了奮鬥，還是奮鬥；除了團結，還是團結。團體中的每一個人奮鬥的動機，不是上面的強迫，也不是制度的規定和要求，是一種自覺自願的行動，是一樁極其自然不過的事情。

老子認為一個成功的領導者會讓下屬只知道他的存在，卻不知道他的雄才大略和卓越政績，下屬的所作所為不是為了要捧上面的場；稍微次一點的領導者，會不知不覺讓他的下屬對他的能力欽佩，對他的品德感動，逢人就誇獎他，見到他就想親近他；再差一點的領導者，訂立了許多的條條框框讓屬下遵守，自己也能嚴於律己，帶頭遵守。

他讓屬下心生恐懼，而安分工作；最差勁的領導者，無才無德，難服人，又喜歡無事生非，整人為樂，這時候的下屬也只好暗地裡藐視他、咒罵他了。

生活智慧

最好的領導者是清淨無為的，他從不輕易發號施令，而下屬自然而然盡忠職守，盡力辦好自己份內的事。一切大功告成了，大家還不知道這是領導者的功勞，也忘了領導者的存在。這真是「待到山花爛漫時，她在叢中笑。」

累積實力一飛衝天

楚莊公執政以來已經三年了。在這三年當中，他沒有發布過一次命令，料理過一件政事，朝廷裡的大臣們都非常納悶。有的大臣認為莊公是一個只會喝酒吃肉玩女人的人，他毫無政治方面的才能；有的大臣認為他並不見得沒有能力，只是不知道葫蘆裡裝的是什麼藥。不過，不管怎地，朝臣們對國事都非常擔心。

有一天，一名軍事官員趁著伺候莊王的時候，用謎語暗示楚莊王，他說：「有一隻鳥飛到南邊的小山丘上，三年來，它不展翅，不飛翔，不鳴叫，在小山丘上一聲不吭，一動也不動，這到底是為了什麼呀？」

楚莊王見他打啞謎，就應合著說：「這隻鳥三年不展翅是為了能專心長羽毛和翅膀；三年不飛翔不鳴叫，是為了要有充裕的時間觀察民情。別看它現在動也不動，一旦動起來，直衝雲霄。別看它現在叫也不叫，一旦叫起來，世人震驚。」

那位軍事官員耐不住性子，不想用謎語諷來諷去，打算直言進諫。當他正要開口

說些什麼時，莊王搶過話頭說：「你放心好了，這一切我都明白。」

這樣又過了半年，楚莊王親自臨朝聽政，這下可好了，他一下子就將幾十種不得民心的政令廢除，又殺了五個貪贓枉法的大臣，起用六個在野的能人。楚國在短短的時間內，由腐敗的政治變成清明的政治，一些昏庸的官吏，革職的革職，貶官的貶官，經濟日益的繁榮。幾年前還是亂糟糟的國政，在他的治理下變得井井有條。又過了兩年，陳國和鄭國向楚稱臣。齊國雖然想與楚國爭霸權，但也慘遭失敗，位在黃河中游的晉國也想與楚爭強，同樣損兵折將。於是，楚在宋國會合諸侯，稱霸天下。

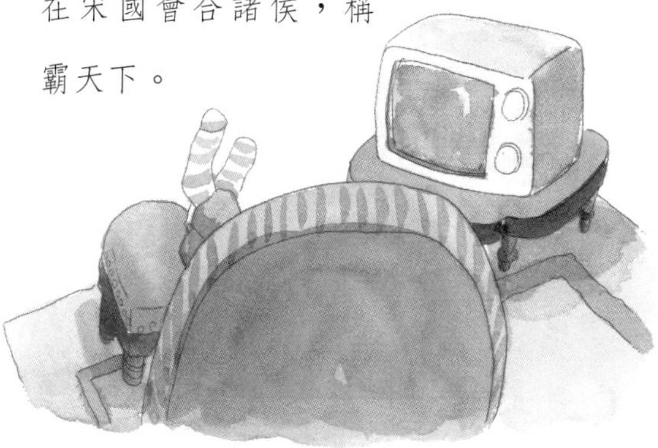

生活智慧

從「三年不鳴」這個故事中，我們可以看到楚莊王在平常的時候不顯山不露水，很小心地掩藏自己的鋒芒，從不讓任何的瑣事影響到他的長處，所以能夠成就他的大業。他對自己的才能從不炫耀，而能在默默中累積了豐富的政治經驗，事實上，他從「無為」中實現了自己「有為」的大業。

多餘的就是無謂的浪費

歷史上崇尚老莊的皇帝，首推漢文帝。他以清淨無為的方式來治理國家和安定人民，並且把呂后留下來的爛攤子慢慢地變成了一個有效率的政府。也為西漢奠定了經濟基礎。歷史上為人所津津樂道的「文景之治」就是他和他的兒子兩代皇帝治理的成果。

他不僅在治理國家上強調無為，在對待個人生死上，也強調以自然的心態面對。我們可以看到，在歷史上有許多的黃帝為了長生，求仙拜佛，做出很多可笑的事情來，相比之下，漢文帝實在是個通達生命的人。

漢文帝二十三歲做皇帝，但在寶座上只坐了二十三年，享壽四十六歲。公元前一五七年他害了一場重病，自知不久於人世。不過，他內心平靜，並不為死期臨近而驚慌。他在遺囑裡這樣談死：「我早就知道天下萬物有生必有死，死是很自然的，

也是天地之理，用不著太過傷心。現在很多人不懂這個道理，能夠活就歡喜，聽到死就害怕。死後又為了出殯安葬的事情花了不知多少的財物，有的甚至於弄得傾家蕩產。有的在哀悼死者時過份傷痛，結果哀哭不已，而哭壞了活人的身體。更糟糕的是，有人死了，還逼著活人陪葬。這種對死亡的態度，我非常不贊同。像我這樣道德不高才能不大的人，靠著上天的恩賜、祖宗的洪福和諸侯的擁戴，做了二十多年的皇帝。又由於神靈的保佑，和國家的福分，在位時，天下太平，四方無戰事。我為人木訥

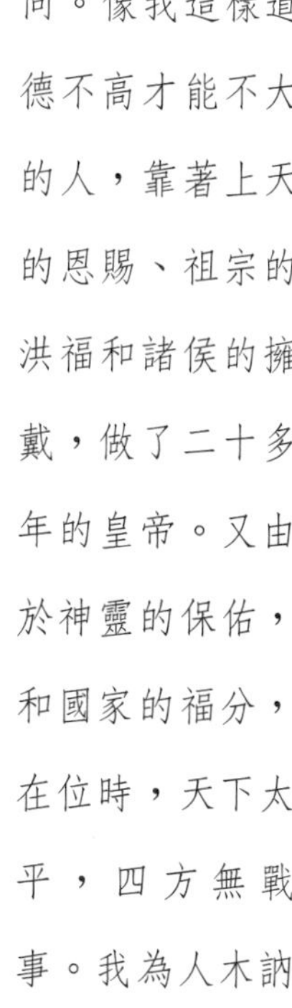

遲鈍，總怕做出有損先帝遺德的事情，如果在位太久，我很怕自己晚年昏聵，會使國家和天下百姓蒙受損失。我的德行不能為天下樹立典範，我的才能不能有益於人民，如今這樣死去，真是造化，哪裡用得著悲傷？如果我現在死去，要人民重服為我守靈，這樣會擾亂國家人民的日常生活，我的靈魂會不安寧，所以，我囑咐天下的官吏和人民只准帶孝三天，在這期間，不需禁止結婚、飲酒、吃肉和其他的娛樂活動，我同族同宗的人也不要像從前那樣赤腳踏地慟哭。帶孝的麻長三寸就夠了，太長了是無謂的浪費。千萬不要發動老百姓到宮殿裡來哭喪，宮中的人早晚哭叫幾下就行了，其他的時間不准哭泣。過去穿孝三年太長，現在用一天來抵以前的一個月，三十六天就算滿孝。用來埋葬我的霸陵不需要築起高墳，在棺槨上面鏟幾鍬土，把棺材埋得看不見就可以了。我死了以後，除了我的夫人以外，所有的宮女一概送回自己的家裡去。其他的事情我不能一一交代，就按臨喪節哀、辦葬從簡的原則去處理。」

生活智慧

漢文帝的「談死」，沒有說到老莊一個字，卻盡顯老莊的精神。如此這般的「無為」，真乃人間最偉大的喪葬了。

生是喜事，死也是喜事

有一天，子祀、子輿、子黎、子來四個人在一起聊天，他們說：「誰能把『無』當作頭顱，把『生』當作脊樑，把『死』當作尾椎骨，誰就知道生死存亡本來屬於一體，我們就和他做朋友。」四個人相視而笑，莫逆於心。

不久之後，子輿生病了，子祀去看望他。子輿一進門就說：「你看，老天還真了不起，竟然能把我的形體弄成這般模樣。」子祀抬頭一看，只見子輿背彎得像駱駝，頭低到肚臍底下，和過去的他相比，完全變成另一個人，但他看起來若無其事，還像過去一樣談笑風生。他歪歪倒倒地走到井邊照了一照自己的影子，說：「哎呀！老天爺真了不起，竟然能把我變成這般模樣。」

子祀問他說：「你嫌惡這副模

樣嗎？」

子輿回答說：「我為什麼要嫌惡呢？假如我的左臂變成了雞，我就用它來報曉；假如我的右臂變成了彈丸，我就用它來打小鳥，烤著吃；假如我的尾椎骨變成了車輪，精神變成了馬，我就坐著馬車到處遊玩，這還用不著另外去找交通工具呢！

再說，生是順應自然，死也是順應自然，如果心安理得地順應自然，那麼，生死哀樂的情感就不會產生，也就不會對死亡感到恐懼了。人的力量本來就不能勝過自然的變化，我又有什麼好嫌惡自己形體上的變化呢？」

沒過多久，子來也病倒了。子來纏綿病榻，他的家人圍著他哭個不停。這時，子黎來探望他，看到這種情形便對他的妻子說：「快走開！不要驚動這正在變化的人。」說完，便靠在門邊對子來說：「真了不起！自然的主宰又要把你變成什麼呢？你想它會把你變成什麼呢？是鼠肝還是蟲臂？」

子來氣喘不停地說：「父母不管叫他兒子到何處去，做兒子的只得聽從命令，自然對於人就像父母之於子女，自然要我死，而我不從命，這是大逆不道。自然給了我形體和生命，讓我在青壯年時勤勞，上年紀時清閒，又用死來讓我得到充分的休息。因而，既然我們把『生』作為喜事，又有什麼理由不把『死』當作喜事呢？」

生活智慧

自然給了我們形體和生命，讓我們在青壯年時勤勞，上年紀時清閒，又用死來讓我們得到充分的休息。所以，如果我們把「生」作為喜事，也應當把「死」當作喜事。

死亡是一生操勞後的長眠

活著的人誰也沒有嘗過死是怎麼回事，我們又不可能請埋在地下的先人傳授死的經驗給我們，所以，我們又何必一想到死就喪魂落魄呢？

這都是由於親友的死給了我們許多的暗示，使我們把生和死過度想像得非常可怕。我們只要一想到死屍冷冰冰的淒慘樣子，再想一想往後只能與黑暗、孤寂、寒冷、閉塞相伴，就會不寒而慄。其實這一切的一切，都是想像造成的。一個人死後，即使放在有電熱毯的床上，他也不會感覺到溫暖舒適，就算把他埋在九泉地下，他也不會覺得寒冷；在他棺材或骨灰罈裡裝上電燈，他也不會感覺到明亮，所以，想當然爾，棺材或骨灰罈如果漆黑一片，他也不會覺得有什麼不方便的地方；即使兒女在屍體旁親暱說笑，他也體會不到什麼天倫之樂，讓他

一個人躺在棺材裡也不會有什麼孤獨感。死亡是大自然給人最好的恩賜，我們在這個熙熙攘攘的人世操心了一輩子，奮鬥了幾十年，現在該我們好好地休息一下了。死亡就是一次最深沉的睡眠，死後的痛苦都是活著的人強加給死者的。

在死的恐懼中，還有一種痛苦也是我們強加上去的。每一個人總是害怕自己死去以後，那些活著的親友難過悲哀，擔心自己死了以後兒女不會生活，自己的公司會垮台。這種種的想法是我們自己高估了自己，一半也是在無意識中，加重了我們自己在社會上的重要性，一半也是想用別人的同情愛戴來自我安慰一番。姑且不說你死了以後，地球照樣轉動，你的公司照樣營業賺錢，你家的裂口也不是你想像的那麼大，感情傷痕的癒合也比預料的要快得多。沒有了你，你的兒女照樣上班上學，你的妻子仍然能夠找到她精神上的快樂，說不定也能找到比你更可人的伴侶。這麼說也許有些冷酷，然而卻是事實。

教授是人類智商最高的階層之一，是每一個時代每一個國家的精神財富，照理說應該希望他們長命百歲，可是實際的情形真叫人沮喪：許多國家的大學都在制訂新的校規，好讓老教授們提前退休，以便給年輕一代騰出空位。許多父母看到兒女的稚相，常常憂心忡忡地說：「如果我死了，你們怎麼生活？」然而沒有新聞報導說，誰的父母死了以後，他們的兒女跟著一塊兒進棺材，情況倒往往相反，父母死了以後，兒女成熟得更快，自立得更早。

當我們緊張地工作一天以後，到了晚上，我們都想上床安然地睡一覺；當我們奔波操勞了一生以後，我們也應該毫無牽掛地走進墳墓，來個長眠。做人，就應該想得開！

生活智慧

死亡是大自然給人最好的恩賜，我們在這個熙熙攘攘的人世操心了一輩子，奮鬥了幾十年，現在該我們好好地休息一下了。死亡就是一次最深沉的睡眠。讓我們想得開，睡得著。

禍福循環沒有一定

《淮南子・人間訓》中有一則故事，說北方邊疆有一戶人家，他兒子的馬跑到胡地去了，左鄰右舍怕他傷心，都跑到他家裡來安慰他，想不到他父親說：「馬跑到胡人那邊去了，這當然是個損失，但誰知道呢，或許也是個福呢？」果然，幾個月後，那匹失去的馬帶了一匹胡人的駿馬回來。鄰居們聽到消息後都來道賀，他的父親卻沒有什麼興奮的表情，只是淡淡地說：「怎麼知道這不是禍呢？」果然，他後來騎馬摔跛了腿，鄰居們見此又來安慰他，他的父親好像並不為兒子摔成跛子難過，反而說：「你又怎麼知道這不是福呢？」一年後，胡人大舉入侵，村中健壯的青年都被徵去打仗，戰爭中死掉十之八九，只有他由於跛足的關係，得以平安無事。

禍福的循環沒有一定，而一般人對一件事物，只能看到已成的事實，而不能預料它將成的態勢，好就是好，壞就是壞，禍就是禍，福就是福。老子則能從事物的正面看到它的反面，從好事中發現壞事，在壞事中看到好事，認為災禍中未必沒有藏著幸福，幸福中說不定潛伏著禍根，遇上了災禍用不著垂頭喪氣，碰到了好運也別趾高氣揚。

前不久看到這樣的新聞：某個地方，有一户工人家裡，養了兩個兒子，大兒子在高考中名落孫山，親戚朋友都斜眼看他，父母也認為這個孩子的前程算是完了。接著，又有很長的一段時間他找不到工作，成了社會上所說的「待業青年」，他被看成多餘的人。小兒子在高考中高中，被一所大學錄取，成了社會和家裡的寵兒，父母把他視為掌上明珠。然而，幾年後他們弟兄兩人的結局卻出人意料：哥哥待業兩年後，在一家皮鞋工廠做臨時工，由於他工作勤奮，被聘為車間的主任。他邊做事邊自修唸大學，系統地學習經濟管理知識，後來他承包了這家小廠，不僅使這家工廠起死回生，生意越做越大，產品還遠銷國外，如今他已是遠近聞名的企業家和大亨。因為高考落榜給了他沉痛的教訓，使他意識到他面前的人生道路並不平坦，社會上的白眼使他特別渴望人格上的尊嚴，這些都成了激發他向上的動力。

而弟弟的人生道路過於順遂，父母的寵愛與親戚朋友的恭維捧場，使他飄飄然。上大學以後怕吃苦，講虛榮，為了生活得瀟灑，為了在女友面前擺闊，他大把大把地揮霍父母的血汗錢，而且多次去校內外偷竊行騙，最後終於遭到警察的拘留，學校也開除了他的學籍。

禍與福實在是循循相因，切肉連皮的。

生活智慧

禍福的循環沒有一定，沒有人知道它的究竟。而我們一般人對一件事物，只能看到已成的事實，而不能預料它將成的態勢，所以認為他所看到的好就是好，壞就是壞，禍就是禍，福就是福。老子則能從事物的正面看到它的反面，在好事中發現壞事，在壞事中看到好事，認為災禍中未必沒有藏著幸福，幸福中說不定潛伏著禍根，遇上了災禍用不著垂頭喪氣，碰到了好運也別趾高氣揚。

災禍裡未必不藏著幸福

中唐進士王參元是柳宗元的朋友，他的家中財貨堆積如山，在這種環境中，他只圖過恬安無事、朝夕優遊的平庸生活。富裕安逸逐漸消磨了他上進的鬥志，雖然他的文章詩賦也有可稱道的地方，但和他的同輩相比，就像他的生活一樣平庸。

老天有眼，一場火災把他家的財物燒得精光。王參元從富家子弟變成了一個赤貧的人，甚至連棲身的地方也沒有。且不說過去那種奢侈的生活已不可得，就連三餐都成問題。他平時的奢侈豪華惹來許多人的嫉妒，現在狼狽不堪的樣子，又讓往日嫉妒他的人轉為同情憐憫。

他遭火災的時候，柳宗元已被貶在湖南永州當司馬，不久，當他得知這個消息以後，他不像其他的朋友那樣一灑廉價的同情淚，向王

參元不痛不癢地說些寬心話。他對朋友家中所遭受到的火災真心誠意地表達「幸災樂禍」的心情。在寫給王參元的信中，沒有半句安慰同情，全是真誠的祝賀，他把這場災禍說成應該慶賀的大喜事。信的第一段是這麼說的：「從楊八的信中，知道你家遇上了火災，現在家中無儲糧，你是一貧如洗了。我剛聽到這個消息的時候十分震驚，後來感到十分疑惑，最後不禁大喜，所以我的心情從寬心慰勉變成歡歡喜喜。我離京城路途遙遠，在楊八的信中說的又太過簡略，我不清楚火災嚴重的程度，如果大火真的把你們全家的財產化為烏有，一切積蓄蕩然無存，那我就更加表示慶賀了。」

朋友遭到如此的災難，柳宗元為什麼會喜上加喜呢？這位唐代的

大思想家大文學家說：「如果沒有這場火災的話，你的一生也許就在遊山玩水、走馬下棋中打發掉了，可以想見，你會渾渾噩噩、平平庸庸，沒有什麼作為。這一定是上天將要降大任於你的身上，所以先讓你飽受人間的劫難，讓你從安逸閒適的處境中振作起來，受盡困頓的煎熬，飢寒的折磨，使你變得堅韌剛強又成熟，然後才能承擔歷史交給你的重任，成就一番偉大的事業。再說，你的文章詩賦都做得那麼好，但一直沒有贏得相當的社會聲譽，原因就在於別人嫉妒你的財富而故意壓抑你的才華，你的才華受你的財富所拖累。現在可好了，一場大火為你除掉了財富的拖累，你一定會在同代中脫穎而出，我等著聽你成功的好消息！有句話我早就聽老子說過：『災禍裡面未必不藏著幸福，幸福裡面未必不潛伏著禍根』。你的災禍其實就是你的福音，叫我怎麼不為你『幸災樂禍』呢？」

生活智慧

「幸災樂禍」的出處即是從這個故事而來。事實上，災禍裡面未必不藏著幸福，幸福裡面未必不潛伏著禍根。王參元家中的一把火說不定真的讓他的文章詩賦變得更出色，而不會像以前一樣，因富裕而壓抑了他的才華。

清掃天下，先從清掃家裡開始

陳蕃是東漢末年一位很傑出的文人，是當時士大夫中的名流。他說的話，當時的士人把它當作準則，他的行為，更是一般人效仿的楷模。他見天下烽煙不息，山河分裂，生靈塗炭，慨然而有澄清天下之志。這樣的抱負不可謂不大，立志也稱得上高遠，而且社會的上層對他的呼聲很高，他自己當然也十分自負。因此，他逃避一切人生的瑣事，任何平凡人的平凡小事，他都懶得動手。他家裡的灰塵到處亂飛，蛛網都把家具和天花板連成一體了，整個家看上去又髒又亂。有一個離他家很遠的書

生對他十分崇拜，特地慕名相訪，一進門見到他家這種亂七八糟的樣子覺得非常奇怪，問他說：「先生為什麼不把家裡掃一掃呢？」陳蕃慷慨激昂地說：「大丈夫應當為國家、天下清掃，哪能為自己、家室清掃呢？」那位書生大不以為然，他說：「你連自己家裡巴掌大的一塊地方都掃不乾淨，怎麼有能力去清掃天下呢？」

陳蕃錯不在有宏圖大志，而是不知道宏圖大志要從細小瑣事做起，要清掃天下就先從清掃家室做起。

老子說：「兩人合抱的大樹，是由細小的樹苗長成；九層的觀禮台，是從一鏟一鏟的泥土開始築起；萬丈高樓，是一磚一瓦地砌成；千里之遙的路程，必須從腳下第一步開始。」

一個人要志

向高遠，同時又要腳踏實地，從點滴小事做起。如果沒有宏圖大志，沒有高遠的目標，只是天天忙碌於瑣事，那樣的人生就會庸庸碌碌，久而久之成為一個庸人；如果只有遠大的志向，而不願意做艱苦的工作，那就會志大才疏，空泛而不切實際。荀子有一段話與老子上面所說的意思相同，且說得同樣精彩。現在把這段名言摘錄如下：積土成為萬仞高山，風雨就從山裡興起，積水成為千潯深淵，蛟龍就會在這兒生長；累積平凡的好事就成為道德，精神因而得到昇華，智慧因而得到發展，聖人的思想境界就逐漸具備了。所以，不從一步一步開始，千里萬里的路程就走不到；不積細小的水流，浩瀚的江海就形成不了。駿馬一躍不能跳十步，駑馬拉著車走上十天，所跑的路程也非常可觀，它成功的秘訣就在於一步一步地走下去。從事雕刻的情況也是一樣，如果刻幾下就扔開，連朽木也雕不成，如果勤勤懇懇地刻下去，金石也刻成漂亮的圖案。

生活智慧

傑出的人物好像從不做什麼了不起的大事，因為偉大的事業都是從瑣細的小事做起，天天從事那些最細微繁雜的瑣事才能成就大事。

換一雙筷子，變一種性格

能從細微之處看出事物的本質或者是結局，才稱得上是明智。商紂王是中國歷史上有名的昏君，商朝的天下就葬送在他的手裡。可是在他登位之初，有多少人能預見到後來的悲慘結局？當時的人們滿以為在這位精明國王的治理下，商朝的江山會堅如磐石，滿朝大臣無不歡天喜地，獨有紂王的叔父箕子悶悶不樂。有一天，當紂王叫人用象牙做了一雙筷子時，別人都覺得用這種筷子才符

合國王的身分，也與宮廷的整個陳設相諧調，而箕子見姪兒用象牙筷子時卻感到十分恐怖。許多人都感到莫名其妙，紛紛指責他是庸人自擾，箕子說：「紂王一旦用象牙做筷子，必定再不會用土製的瓦罐盛湯飯，而會改用犀角做成的杯子和美玉製成的飯碗；有了象牙筷子、犀牛角的杯子和美玉製的飯碗，難道還會用它來吃豆子菜葉煮的湯，還會再用這些餐具來吃粗茶淡飯嗎？國王飯桌上擺的無疑是美食佳餚，象、旄、幼豹、駝蹄之類難得的珍品；既然已經使用了象牙筷子、犀牛角杯子、美玉飯碗，又吃上了旄、象、幼豹、駝蹄之類的美食，必然不會再穿著短小的粗布衣，坐在簡陋的茅屋下用餐了。國王自然要穿起綾羅綢緞來，錦衣要一層套上一層，衣著既已由簡單樸素趨於高雅華貴，

也必定會由茅屋陋室遷到富麗堂皇的宮殿，還要築起高台樓閣來取樂。這樣下去導致的結果真叫人不敢想下去，所以見到事情的苗頭——由竹筷子改為用象牙筷子——我就感到不寒而慄。」

果然，後來的結局被箕子不幸而言中。不出五年，紂王變得好酒淫樂，以酒為池，設糟為丘，懸肉為林，加重天下百姓的賦稅，大興土木，四處蒐集狗、馬、奇玩、珍寶，在沙丘這個地方建起苑林，把許多野獸蟲鳥放在其中，他與寵臣常常跑到那兒打獵消遣，又請樂師作出新的淫聲，成天與妲己一起聽靡靡之樂。本來紂王才思十分敏捷，見聞也很廣博，然而他卻把這些可貴的才智用錯了地方，他竟用如簧的巧舌來掩飾自己的過失，用過人的才智來拒絕大臣的忠言。不知多少忠臣義士在他手上送了命。不久，周武王也要了他的命，商王朝也跟著他一起壽終正寢。

生活智慧

把竹筷子換成象牙筷子，這對於一個國君來說是不值一提的小事，一般人也會認為這樣做理所當然，而箕子卻從中看出了紂王會腐敗墮落的徵兆，認為它是商王朝行將滅亡的開端，這就是老子所說的：「見小曰明」。

一直跨大步，鐵定會跌倒

出門趕路誰都想走快一點，但是如果違背了自然的規律，想要跨步前進就不成了，此時的你，既走不快也走不遠。跨大步偶一為之還可以，如果要一直跨大步走下去，那就非摔倒不可。

孟子曾經講過一個故事，說宋國有一個農夫看到別人田地裡的莊稼一天變一個樣，而自己地裡的苗老是那麼高，急得連夜裡睡覺都不安穩。一天，他興沖沖地跑到田地裡，把每棵苗都拔高了些，儘管累得他滿頭大汗，但抬頭往前一看，拔過的苗一天就變高了二三寸，心裡真是甜蜜蜜的，他認為他發現了一個十分快速就可以幫助禾苗生長的方法。拔完了苗，回到家裡，他得意洋洋地對妻子兒女說：「今天可把我累壞了，但總算我能幫助禾苗長高了！」他的兒子心裡很是納悶，好

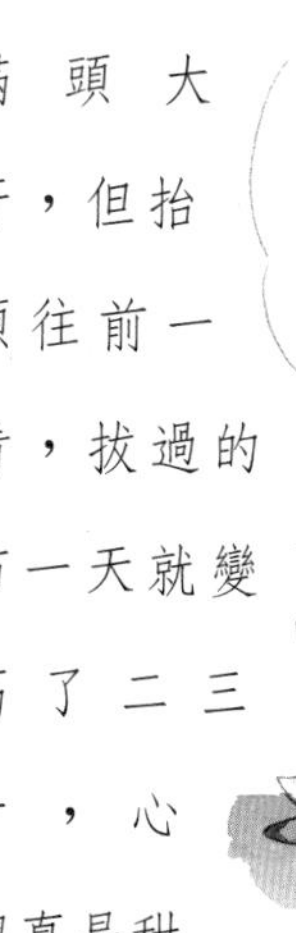

奇地問爸爸說：「你是怎麼幫助禾苗生長的呢？」他把頭抬向天說：「你到田裡去看看就知道了。」他兒子急忙跑到田裡去看，放眼看去，所有的禾苗全都枯萎了。看了這個故事，想一想我們的生活，「跨步前進」、「揠苗助長」的事情是不是很多呢！

大家都知道，羅馬不是一天造成的。但許多人偏不信邪，為了求快做出許多叫人啼笑皆非的事情來。有位在大學念數學的學生，看到徐遲的〈哥德巴赫猜想〉這篇報告文學後，想自己搶先摘下這顆數學皇冠上的明珠，生怕耽擱了時間讓陳景潤這個書呆子再出風頭，他幾乎大部分數學基礎課程都不去聽，從早到晚把自己泡在圖書館裡，最後是吃不香也睡不著，弄得昏頭昏腦，糊里糊塗，德國的那位已死的哥德巴赫叫這位活著的大學生吃夠了苦頭，到頭來他不僅沒摘下數學皇冠上的這顆明珠，反而連本科畢業文憑也沒拿到手，因為他有四科必修基礎課程不及格，這就是老子所說的「企者不立，跨者不行」。

生活智慧

老子是生活的有心人，他把那種輕躁求速，好高鶩遠的現象歸納成「企者不立，跨者不行」。「羅馬不是一天造成的」，一切求速求快的結果，一定盡不如人意，不如順著自然的規律，循序漸進才好。

廣　告　回　信
臺灣北區郵政管理局登記證
北台字第8719號
免　貼　郵　票

106-□□
台北市新生南路3段88號5樓之6

揚智文化事業股份有限公司　收

□□□-□□
地址：　市縣　鄉鎮市區　路街　段　巷　弄　號　樓
姓名：

書號 L1002　書名 老子，你在說什麼？

葉子出版股份有限公司

讀·者·回·函

感謝您購買本公司出版的書籍。
爲了更接近讀者的想法，出版您想閱讀的書籍，在此需要勞駕您詳細爲我們填寫回函，您的一份心力，將使我們更加努力！！

1. 姓名：______________
2. E-mail：______________
3. 性別：□ 男 □ 女
4. 生日：西元_____年_____月_____日
5. 教育程度：□ 高中及以下 □ 專科及大學 □ 研究所及以上
6. 職業別：□ 學生 □ 服務業 □ 軍警公教 □ 資訊及傳播業 □ 金融業
   □ 製造業 □ 家庭主婦 □ 其他_____
7. 購書方式：□ 書店 □ 量販店 □ 網路 □ 郵購 □書展 □ 其他_____
8. 購買原因：□ 對書籍感興趣 □ 生活或工作需要 □ 其他_____
9. 如何得知此出版訊息：□ 媒體_____ □ 書訊 □ 逛書店 □ 其他_____
10. 書籍編排：□ 專業水準 □ 賞心悅目 □ 設計普通 □ 有待加強
11. 書籍封面：□ 非常出色 □ 平凡普通 □ 毫不起眼
12. 您的意見：____

____

13. 您希望本公司出版何種書籍：______________________________

☆填寫完畢後，可直接寄回（免貼郵票）。
我們將不定期寄發新書資訊，並優先通知您
其他優惠活動，再次感謝您！！

根

以讀者爲其根本

莖

用生活來做支撐

葉

引發思考或功用

獲取效益或趣味